AF217755

kompaktWissen
Green Line 1 – 6
Englisch

Die gesamte Grammatik kurz gefasst

von
Johannes Wahl

Klett Lerntraining

Hinweis: Der Online-Zugang zu den Übungen ist bis sechs Jahre nach Ersterscheinen des Buches gewährleistet.

Bibliografische Information der Deutschen Nationalbibliothek Die Deutsche Nationalbibliothek verzeichnet diese Publikation in der Deutschen Nationalbibliografie; detaillierte bibliografische Daten sind im Internet über http://dnb.dnb.de abrufbar.

Dieses Werk folgt der neuesten Rechtschreibung und Zeichensetzung. Ausnahmen bilden Texte, bei denen künstlerische, philologische oder lizenzrechtliche oder andere Gründe einer Änderung entgegenstehen.

9. Auflage 2022

© Pons GmbH, Stöckachstraße 11, 70190 Stuttgart 2013
Alle Rechte vorbehalten.
www.klett-lerntraining.de; kundenservice@klett-lerntraining.de
Redaktion: wort & tat, Linda Strehl, München
Umschlagfotos: Fotolia LLC (Anibal Trejo), shutterstock (Timo Kohlbacher)
Satz: Andrea Eckhardt, Göppingen
Druck: AZ Druck und Datentechnik GmbH, Kempten
Printed in Germany
ISBN 978-3-12-926056-2

INHALT

INHALT

Alle Online-Abschlusstests auf einen Blick

Vorwort

Hallo liebe Schülerin, hallo lieber Schüler!

Wie war das noch mal mit den *If*-Sätzen? Oder wann verwende ich *some* und *any*? – Du möchtest im Unterricht, zu Hause oder unterwegs die Grammatik zu deinem Green Line-Schulbuch immer griffbereit haben? Auch zu den Schuljahren, zu denen du das Schulbuch gar nicht mehr besitzt?
Mit diesem handlichen Buch kannst du jederzeit und schnell alle wichtigen Regeln nachlesen.

So findest du dich im Buch zurecht:

1. Jedes Kapitel umfasst ein Schuljahr und ist abgestimmt auf dein Green Line-Schulbuch. Es beginnt jeweils mit einem **QUICK-FINDER**. Ein Quick-Finder ist ein extra Inhaltsverzeichnis. Hier findest du schnell und gezielt die einzelnen Grammatikthemen.

2. Jedes Thema ist mit **Beispielen** und **Regeln** anschaulich erklärt, so kannst du auch die schwierigsten Themen problemlos verstehen.

3. Nach jedem Kapitel hast du die Möglichkeit, deine Grammatikkenntnisse mit einem **Online-Abschlusstest** zu überprüfen. Auf der nächsten Seite wird dir genau erklärt, wie du zu den Online-Abschlusstests gelangst.

Wir wünschen dir viel Erfolg mit deiner neuen Grammatik!
Dein Klett-Lerntraining-Team

So funktionieren die Online-Abschlusstests

Mit den Online-Abschlusstests kannst du im Internet deine Stärken und Schwächen ermitteln. Und so geht's:

1. Melde dich an

Gehe auf die Seite www.klasse5bis10.klett-lerntraining.de
Wenn du deine Lernstände abspeichern willst, registriere dich kostenlos mit deiner E-Mail-Adresse und einem von dir gewählten Passwort. Du kannst aber auch alle Inhalte ohne Anmeldung nutzen.

2. Wähle dein Buch

Wähle die Reihe „kompaktWissen" und dann dein Buch „kompaktWissen Green Line 1–6" aus.

3. Leg' los

Klickst du dein entsprechendes Green Line-Schulbuch an, erhältst du eine Übersicht über alle Tests.
Suche dir nun einen Test aus und bearbeite die Aufgaben. Wenn du dich registriert hast, kannst du jeden Test beliebig oft wiederholen oder abbrechen und später beenden.
Das Testergebnis wird dir nach der Bearbeitung angezeigt. So siehst du, was du schon kannst und was du nochmals wiederholen solltest.

Green **Line** 1

Green **Line** 1

Green **Line** 1

QUICK-FINDER

1   Substantive, Artikel und Pronomen

Substantive

Die Pluralbildung

Regelmäßiger Plural

Regel: Der Plural der meisten Substantive wird gebildet, indem man ein *s* an die Singularform anhängt.

Beispiele:	
Singular	Plural
school park	schools parks

Regel: Bei Zischlauten im Auslaut des Singulars (*-s*, *-z*, *-x*, *-sh* oder *-ch*) muss der Plural mit *-es* geschrieben werden. Die Aussprache ist stimmhaft.

Beispiele:	
Singular	Plural [ɪz]
class box	classes boxes

Regel: Endet der Singular auf *-f*/*-fe*, verändert sich nicht nur die Schreibweise, sondern auch die Aussprache der Grundform.

Beispiele:	
Singular	Plural [vz]
shelf thief	shelves thieves

1

Regel: Ein *-y* am Ende des Singulars wird im Plural zu *-ies*.

Beispiele:	
Singular	**Plural [ɪz]**
family	families
hobby	hobbies
aber:	
boy	boys

Die **Aussprache** des Plural-*s*-Lautes richtet sich danach, ob der letzte Laut des Singulars stimmhaft oder stimmlos ist.
- Nach stimmlosen Konsonanten (*p, t, k*) wird das *-s* im Plural [s] ausgesprochen. Du erkennst stimmlose Konsonanten daran, dass sie härter klingen als stimmhafte.
- Nach weicher klingenden, stimmhaften Konsonanten (*d, g, l, m, n*) im Auslaut des Singulars wird das *-s* im Plural [z] ausgesprochen.

Beispiele:	
stimmloser Auslaut	**stimmhafter Auslaut**
book + s ➤ books [ks]	girl + s ➤ girls [lz]
street + s ➤ streets [ts]	farm + s ➤ farms [mz]
map + s ➤ maps [ps]	road + s ➤ roads [dz]

- Wörter mit einem stummen *e* am Ende des Singulars erhalten im Plural ebenfalls eine stimmhafte Aussprache.

Beispiele:	
Singular	**Plural [ɪz]**
village	villages
house	houses

- Auch Wörter, die auf einen Vokal enden, werden im
  Plural stimmhaft ausgesprochen.

Beispiele:	
Singular	Plural [z]
video	videos
banana	bananas
day	days

Unregelmäßiger Plural

Es gibt eine Reihe von Substantiven, die nicht den obigen Regeln folgen. Bei diesen Pluralformen ist sowohl die Rechtschreibung als auch die Aussprache besonders zu beachten.

Beispiele:	
Singular	Plural
man ['mæn]	men [men]
woman ['wʊmən]	women ['wɪmɪm]
child ['tʃaɪld]	children ['tʃɪldrən]
foot [fʊt]	feet [fiːt]
tooth [tuːθ]	teeth [tiːθ]
mouse [maʊs]	mice [maɪs]

Einige wenige Substantive haben die gleiche Form im Singular und im Plural.

Beispiele:	
Singular	Plural
sheep	In Cornwall you can see many **sheep** *(Schafe)*.
fish	There are a lot of **fish** *(Fische)* in the water.

Nicht zählbare Substantive

Eine Anzahl von Substantiven bezeichnet Sachverhalte oder Dinge, die nicht zählbar sind. Für diese gibt es **keine Pluralformen**.

Beispiele:

food	Some people say that British **food** is bad.
homework	We've got **a lot of homework** in English.
information	They have got **no information** about interesting sights in Greenwich.

Möchte man von diesen Substantiven die Menge genauer beschreiben, muss man sich mit Angaben wie *pieces*, *a bottle of* etc. behelfen.

Beispiele:

water	Can you give me **a bottle of water**, please? *eine Flasche Wasser*
furniture	There are only **three pieces of furniture**. *drei Möbelstücke*
tea	Do you like **a cup of tea**? *eine Tasse Tee*

Achtung: Es gibt Substantive, die im Singular stehen, aber trotzdem ein Verb im Plural erfordern.

Beispiel:

police	The police **tell** the pupils about the thieves. *Die Polizei **berichtet** den Schülern von den Dieben.*

Der Genitiv

Der 's-Genitiv

Regeln:

* Bei Personen (und häufig auch Tieren) wird der Genitiv
  im Singular durch ein *s* mit Apostroph angezeigt.

> **Beispiele:**
> **Amanda's friend** is happy.
> The **dog's/Ace's** barking makes the postman afraid.
> **Dad's car** crashes into the garden.

* Diese Grundregel gilt auch für die unregelmäßigen
  Pluralformen.

> **Beispiele:**
> The **children's teacher** is Miss Jones.
> They look at the **men's cars**.

* Bei den regelmäßigen Pluralformen auf -s wird nur
  noch ein Apostroph angefügt.

> **Beispiele:**
> The **Jacksons' house** has got a garden.
> The **girls' room** is very small.

Der *of*-Genitiv

Regel: Bei Sachen wird der Genitiv mit einer *of*-Phrase ge-
bildet. Er drückt aus, dass etwas zueinander gehört bzw.
einander zugeordnet ist.

> **Beispiele:**
> The Millennium Dome is in the **centre of London**.
> This is the **end of the world**.
> I get my pocket money on the first **day of the week**.

Artikel und andere Begleiter

Der bestimmte und unbestimmte Artikel

Der bestimmte Artikel *the*

Aussprache: Es gibt nur eine Form, doch richtet sich die Aussprache nach dem Anfangslaut (nicht dem Anfangsbuchstaben) des folgenden Wortes.

Regeln:
- Beginnt das Wort unmittelbar nach dem Artikel mit einem gesprochenen Konsonanten, ist die Aussprache [ðə].
- Beginnt das folgende Wort mit einem gesprochenen Vokal, wird der bestimmte Artikel [ði:] ausgesprochen.

Beispiele:

[ðə]	[ði:]
the car	the old car
the woman	the apples
the unit ['ju:nɪt]	the uncle
the house	the hour ['aʊə(r)]

Verwendung: Nur wenn eine Person oder Sache konkret bezeichnet wird, darf man den bestimmten Artikel verwenden. Das heißt, dass bei allgemeinen Aussagen über Personengruppen, etwa Lehrer, der bestimmte Artikel nicht stehen darf. Erst wenn die Personen – z.B. durch eine *of*-Phrase oder durch einen Relativsatz – eindeutig konkretisiert werden, muss der Artikel stehen.

Beispiele:

allgemeine Aussage	konkrete Person/Sache
Teachers are usually nasty. **Girls** are silly.	**The teachers at our school** are the nicest. **The girls in my class** are silly.

Der unbestimmte Artikel *a* bzw. *an*

Der unbestimmte Artikel hat – je nach Anfangslaut des nachfolgenden Wortes – die Form *a* oder *an*.

Regeln:

- Beginnt das folgende Wort mit einem gesprochenen Konsonanten, verwendest du die Form *a*.
- Fängt das nachfolgende Wort mit einem gesprochenen Vokal an, nimmst du *an*.

Beispiele:

a green apple **a** long hour **a** unit	**an** apple **an** hour **an** easy unit

Wird ein Substantiv neu benannt oder ist es nicht eindeutig beschrieben, musst du den unbestimmten Artikel verwenden. Nach einer erstmaligen Erwähnung kannst du dann den bestimmten Artikel benutzen.

Beispiel:

Dad buys **a** new car. **The** car is a Mercedes.

Some und *any*

Some und *any* verwendet man bei unbestimmten Mengenangaben. Beide Wörter haben dieselbe Grundbedeutung („etwas", „einige", „irgendein") doch werden sie in ganz unterschiedlichen Zusammenhängen benutzt. Im Deutschen bleiben sie vielfach unübersetzt.

Regeln:

• *Any* steht in Fragen und Verneinungen.

Beispiele:	
Fragen	Do you want **any** crisps? *Willst du Chips?*
Verneinungen	I don't know **any** person here. *Ich kenne hier niemanden.*

• Statt *not any* kann man natürlich auch einfach *no* verwenden.

Beispiel:	
Verneinungen	I'm sorry, there are **no** postcards of London here. *Tut mir leid, hier gibt es keine Postkarten von London.*

• *Some* steht in positiven Aussagesätzen.

Beispiele:	
positiver Aussagesatz	I'm listening to **some** new CDs. *Ich höre mir gerade ein paar neue CDs an.* I'd like **some** milk, please. *Ich möchte bitte etwas Milch.*

1

- In der Antwort auf eine Frage mit *any* benutzt man *any* (bei Verneinung) oder *some* (bei Bejahung), ohne das Substantiv zu wiederholen:

> **Beispiel:**
> Have you got **any brochures** about Britain? –
> Yes, I've got **some**./No, I haven't got **any**.
> *Haben Sie (irgendwelche) Prospekte über England? –*
> *Ja, habe ich./Nein, habe ich nicht.*

Much, many, a lot of, a few, a little

Much und *many*

Zu den Substantivbegleitern, die keine genau bestimmbare Angabe über die Menge oder Anzahl machen, gehören auch *much* und *many*. Beide haben dieselbe Grundbedeutung („viel", „viele"), doch werden sie ganz unterschiedlich gebraucht. Sie stehen fast nur in Fragen und verneinten Sätzen.

Regeln:

- *Much* steht nur bei Substantiven im Singular, die nicht zählbar sind. Bezieht sich *much* auf ein Verb, so besitzt es meist die Bedeutung „sehr".

> **Beispiele:**
> How **much homework** have you got?
> Don't eat so **much cake**!
> Do you **like** London very **much**?

- *Many* verwendet man im Gegensatz zu *much* bei Substantiven, die im Plural stehen und zählbar sind.

> **Beispiele:**
> How **many hours** a day do you spend in front of the TV?
> Are there **many boys** in your class?

A lot of/lots of

Regel: *A lot of* („viele", „eine Menge") steht in bejahten Aus-
sagen und kann sowohl mit zählbaren als auch nicht zähl-
baren Substantiven verwendet werden.

1

> **Beispiele:**
> **A lot of** pupils go to school without breakfast.
> **Lots** of people like football.

A few, a little

Regeln:

- *A few* („einige wenige", „ein paar") nimmt man bei zähl-
  baren Substantiven.

> **Beispiele:**
> Only **a few** people don't like chocolate.
> I invite **a few** friends to my birthday party.

- *A little* („ein wenig", „ein bisschen") steht bei nicht
  zählbaren Dingen oder Personen.

> **Beispiele:**
> I can do this with **a little** help from my friends.
> I must do **a little** homework for Wednesday.

Pronomen

Personalpronomen

Personalpronomen ersetzen Substantive. Sie können so-
wohl Subjekt als auch Objekt eines Satzes sein. Man un-
terscheidet daher zwischen Subjektformen („wer?") und
Objektformen („wen oder was?" oder „wem?").

Subjektformen

1. Ps. Sg.	I am talking to my teacher.
2. Ps. Sg.	**You** must do your homework now.
3. Ps. Sg.	**He** goes on holiday in August.
	She is late again.
	It is boring.
1. Ps. Pl.	**We** take the train to Greenwich.
2. Ps. Pl.	Debbie and Fiona! **You**'re wrong!
3. Ps. Pl.	**They** are in the classroom.

Hinweis: Im Gegensatz zu allen anderen Pronomen wird *I* immer großgeschrieben.

Objektformen

1. Ps. Sg.	Can you see **me**?
2. Ps. Sg.	I need **you**.
3. Ps. Sg.	Do you know **him**?
	Give **her** the money.
	Now we've got English. I hate **it**.
1. Ps. Pl.	The teacher looks at **us**.
2. Ps. Pl.	Jonathan and Scott! I would like to invite **you** to my party.
3. Ps. Pl.	Have you got the English exercises? – No, but I copy **them** from Nasreen.

Achtung: *You* kann also im Singular „du" oder „dich/dir" bzw. im Plural „ihr" oder „euch" heißen. Entscheidend ist der Zusammenhang.

Possessivbegleiter

Possessivbegleiter drücken Besitz oder Zugehörigkeit aus. Je nach Person und Verwendung haben sie unterschiedliche Formen.

Regel: Possessivbegleiter stehen wie andere Attribute direkt vor dem zu bestimmenden Substantiv.

Beispiele:

1. Ps. Sg.	my	I can't find **my** keys.
2. Ps. Sg.	your	Are **your** parents at home?
3. Ps. Sg.	his/	I know **his** friends.
	her/	Sarah likes **her** cat.
	its	The dog loves **its** food.
1. Ps. Pl.	our	This is **our** neighbour, Mr Barker.
2. Ps. Pl.	your	Becky and Simon, **your** parents are over there.
3. Ps. Pl	their	Who is Richard's and Ben's tutor? – Mr Taylor is **their** tutor.

Achtung: Manche Possessivbegleiter werden häufig mit den gleich klingenden Kurzformen von *to be* verwechselt. Merke dir, dass die Kurzformen stets am Apostroph zu erkennen sind.

Beispiele:

Possessivbegleiter	**Kurzform von *to be***
Do you know Paris? **Its** sights are great.	**It's** too expensive.
What's **your** name?	**You're** welcome.
That's **their** computer shop.	**They're** looking after their little brother.

21

Their wird darüber hinaus noch mit dem ebenfalls gleich ausgesprochenen there („da", „dort", „es gibt") verwechselt.

> **Beispiele:**
> That's **their** tutor over **there**.
> **There** are only seven girls in his class. But **they're** nice.

Demonstrativpronomen

Demonstrativpronomen weisen auf etwas hin. Sie können entweder als Begleiter eines Substantivs auftreten oder auch für sich stehen. Sie besitzen in beiden Fällen dieselbe Form.

Regeln:
- Die Demonstrativpronomen *this* (Singular) und *these* (Plural) verweisen auf Personen oder Dinge, die in der Nähe sind.
- *That* und *those* beschreiben Personen oder Dinge, die weiter entfernt sind.

Beispiele:	
Singular	**Plural**
Look! **This** is the new Porsche.	**These people** here are a pain.
That man over there is Brad Pitt.	I know **those boys** from school.

2 Häufig verwendete Verben

To be

Das wichtige Verb *to be* („sein") besitzt im Präsens (simple present und present progressive) Kurz- und Langformen. Die Kurzformen werden in Gesprächen verwendet, die Langformen benutzt man dagegen beim Schreiben.

Regeln:

* Je nach Person gibt es unterschiedliche Formen. Im Singular lauten die Formen *am*, *are* und *is*. Im Plural gibt es nur die Form *are*.
* Für die Kurzform wird der erste Buchstabe der Form von *to be* „verschluckt". An dessen Stelle schreibst du einen Apostroph.

Beispiele:

	lang	kurz	
Sg.	I am you are he is she is it is	I'm you're he's she's it's	I'm here. You **are** tired. He **is** ten years old. She**'s** in a hurry. It **is** too late.
Pl.	we are you are they are	we're you're they're	We **are** from Greenwich. You **are** my best friend. They**'re** right.

* Um die Formen von *to be* zu verneinen, setzt du nach der jeweiligen Form einfach *not* ein.
* In der gesprochenen Sprache wird *not* in der Regel zu *n't* verkürzt und mit der Form von *to be* zusammengezogen.

Achtung: Dies gilt nicht für die 1. Person Singular! Hier lautet die verneinte Kurzform *I'm not*.

> **Beispiele:**
> Sarah is **not** good at English.
> My parents **aren't** worried about my German class test.
> I**'m not** silly.

Fragen und Kurzantworten

- Bei Entscheidungsfragen mit *to be* setzt du die Verbform vor das Subjekt.

> **Beispiele:**
>
> | | |
> |---|---|
> | Tracy **is** tired. | Tom and Phil **are** working. |
> | ➡ **Is** Tracy tired? | ➡ **Are** Tom and Phil working? |

- Es ist unhöflich, auf solche Fragen nur mit *no* zu antworten. Besser reagierst du mit einer Kurzantwort. Für bejahte Fragen brauchst du die Langform, bei Verneinung die Kurzform. Die Kurzantworten haben im simple present und im present progressive die gleiche Form.

> **Beispiele:**
>
> | Frage | Yes, … | No, … |
> |---|---|---|
> | Are you listening to me? | Yes, I am. | No, I'm not. |
> | Am I late? | Yes, you are. | No, you're not. |
> | Is Terry his friend? | Yes, he is. | No, he isn't. |
> | Are you watching a film? | Yes, we are. | No, we aren't. |
> | Are we wrong? | Yes, you are. | No, you aren't. |
> | Are your parents at home? | Yes, they are. | No, they aren't. |

To have (got)

Im britischen Englisch wird das Vollverb *to have* („haben", „besitzen") häufig zu der Form *have got* erweitert. Dies ist jedoch nur im simple present üblich.

Ähnlich wie bei dem Verb *to be* gibt es auch bei *to have* im simple present Lang- und Kurzformen. Auch hier gilt, dass Kurzformen im mündlichen Sprachgebrauch üblich sind, während Langformen beim Schreiben Verwendung finden.

Regeln:

• Die Formen im simple present sind bis auf eine Aus-
  nahme alle gleich *(have [got])*. Nur in der dritten Person
  Singular lautet die Form *has (got)*.

Beispiele:			
	lang	**kurz**	
Sg.	I have got	I've got	I**'ve got** a new computer.
	you have got	you've got	You **have got** my pencil.
	he/she/it has got	he's/she's/ it's got	She **has got** a big garden.
Pl.	we have got	we've got	We **have got** a new tutor.
	you have got	you've got	You**'ve got** a problem.
	they have got	they've got	They **have got** no time.

Achtung! Verwechsle nicht die Kurzformen von has und is. Sie sehen gleich aus!

> **Beispiele:**
> He's got a fast bike. (= He **has** got a fast bike.)
> He's a good worker. (= He **is** a good worker.)

- Bei der Verneinung fügst du *not* zwischen *have/has* und *got*. In der Kurzform verschmilzt *have/has not* dann zu *haven't* bzw. *hasn't*.

> **Beispiele:**
> We **haven't got** dancing lessons on Monday.
> My tutor **hasn't got** any idea that I copy the homework.

Fragen und Kurzantworten
- Bei Fragen rückt die Form von *to have* an die Satzspitze, *got* bleibt hinter dem Subjekt stehen.
- Um höflicher zu wirken, solltest du auf Fragen mit einer Form von *to have* mit einer entsprechenden Kurzantwort reagieren. *Got* wird dabei nicht wiederholt!

Beispiele:

Frage	Yes, …	No, …
Have you got my CD?	Yes, I have.	No, I haven't.
Have you got a pet?	Yes, I have.	No, I haven't.
Has he got our dictionary?	Yes, he has.	No, he hasn't.
Have you got a car?	Yes, we have.	No, we haven't.
Have you got a football?	Yes, I have.	No, I haven't.
Have they got a laptop?	Yes, they have.	No, they haven't.

To do

Auch *to do* („tun", „machen") besitzt im simple present Lang- und Kurzformen. Kurzformen gibt es allerdings nur in Verneinungen. Während Kurzformen im mündlichen Sprachgebrauch verwendet werden, brauchst du Langformen beim Schreiben.

Regeln:
• Bis auf die 3. Person Singular *(does)* sind alle Formen gleich *(do)*.

> **Beispiele:**
> I **do** it again.
> Tess **does** her homework in the evening.
> Sam and Rob **do** their best.

• Bei einer Verneinung setzt du *not* hinter die Form von *to do*. In den Kurzformen verschmelzen die Wörter zu *don't* bzw. *doesn't*.

Beispiele:

	lang	kurz	
Sg.	I do not you do not he/she/it does not	I don't you don't he/she/it doesn't	I **don't** know her. You **don't** like him. She **doesn't** say hello to Debbie.
Pl.	we do not you do not they do not	we don't you don't they don't	We **do not** plan to go to the party. You **don't** listen! They **don't** look happy.

Fragen und Kurzantworten

- Bei der Entscheidungsfrage rückt die Form von *to do* an die Satzspitze. Ist im Aussagesatz kein Hilfsverb vorhanden, musst du eine Form von *to do* verwenden.
- Dies gilt auch für Ergänzungsfragen. Die Form von *to do* steht in diesen Fragen nach dem Fragepronomen und vor dem Subjekt.
- In beiden Fällen steht das nachfolgende Vollverb im Infinitiv.

Beispiele:

Entscheidungsfrage	Ergänzungsfrage
Sue **takes** notes.	Rachel **goes** home.
Does Sue **take** notes?	When **does** Rachel **go** home?

- Auf Entscheidungsfragen mit *to do* reagiert man mit einer entsprechenden Kurzantwort.

Beispiele:

Frage	Yes, …	No, …
Do you love her?	Yes, I do.	No, I don't.
Do you worry about the class test?	Yes, I do.	No, I don't.
Does Elena come from Madrid?	Yes, she does.	No, she doesn't.
Do you like your sister?	Yes, we do.	No, we don't.
Do you talk to the manager?	Yes, I do.	No, I don't.
Do they take a photo of the beach?	Yes, they do.	No, they don't.

To do als Vollverb

To do kann sowohl als Vollverb als auch als Hilfsverb verwendet werden. Als **Hilfsverb** dient es zur Bildung von Fragen, der Verneinung und der Befehlsform. Wird es als **Vollverb** benutzt, taucht *do* in solchen Sätzen zweimal auf, erst als Hilfsverb und dann als Vollverb im Infinitiv.

Beispiele:	
Frage	What **do** you **do**, Rob?
Verneinung	Harry **doesn't do** his homework.
Befehlsform	**Don't do** that again!

3   Modalverben

Modalverben drücken **Fähigkeiten**, **Möglichkeiten**, **Verpflichtungen**, **Bitten** und **Verbote** aus. Im Gegensatz zum Deutschen können sie im Englischen nicht allein verwendet werden, sondern brauchen immer den Infinitiv eines Vollverbs: *I can speak English* („Ich **kann** Englisch").

Can

Regeln:

• *Can* hat die Grundbedeutungen „können" oder „dürfen". Die Form *can* ist für alle Personen gleich.

Beispiele:	
können	**dürfen**
Can I help you?	Debbie and Sarah **can** watch TV late at night.

• Bei der Verneinung gibt es eine Kurz- und eine Langform. Die Langform *cannot* wird zusammengeschrieben!

Wie alle Langformen benutzt man sie vor allem beim Schreiben. Die Kurzform heißt *can't*.

Beispiele:	
können	**dürfen**
Mark is four years old. He **cannot** write his name.	Amanda **can't** go to the party. Her parents don't like it.

- Wie andere Hilfsverben wird *can* in Kurzantworten verwendet, um ein unhöfliches *yes* oder *no* zu vermeiden. Bei der Verneinung einer Frage nimmst du in der Regel die Kurzform.

Beispiele:
Can you close the window, please? – **Yes, I can.**
Can't he tell it to his parents? – **No, he can't.**

Must, mustn't und *needn't*

Regeln:
- Das modale Hilfsverb *must* drückt aus, dass jemand etwas tun muss.
- Die Form *must* ist für alle Personen gleich. Wie *can* kann *must* nicht allein stehen, sondern wird immer von einem Infinitiv begleitet.

Beispiele:
You **must** stop now.
Terry and Tim **must** go to their tutor.

Achtung! Die Verneinung von *must* lautet ***needn't*** („nicht müssen", „nicht brauchen")! Die Form von *needn't* ist für alle Personen gleich.

Beispiele:
You **needn't** bring your English books next lesson.
They **needn't** come home that early.

- *Mustn't* hingegen hat die Bedeutung „nicht dürfen".
  Achte darauf, *needn't* und *mustn't* nicht zu verwechseln.

Beispiele:

mustn't *(nicht dürfen)*	needn't *(nicht müssen/brauchen)*
You **mustn't** drive so fast here. It's dangerous.	You **needn't** drive so fast here. We've got a lot of time.
Du darfst hier nicht so schnell fahren. Es ist gefährlich.	*Du brauchst hier nicht so schnell zu fahren. Wir haben eine Menge Zeit.*

Should

Should („sollen") drückt einen Rat, eine Ermahnung oder eine Verpflichtung aus.

Beispiele:
You **should** start with your homework now.
You **shouldn't** watch films like that!

4 Zeiten

Das simple present

Bildung

Mit Ausnahme der 3. Person Singular haben die Verbformen im simple present immer die gleiche Form wie der Infinitiv.

> **Beispiele:**
> Young people **like** dancing.
> Do you **like** Tom?

Achtung! Bei *he, she, it* gilt: **Das -s muss mit!** Nach Zisch-
lauten am Ende des Verbs *(-ch, -sh, -ss,-x)* muss *-es* ange-
hängt werden.

> **Beispiele:**
> Scott **kicks** the ball into the goal.
> Sam **mixes** the chocolate with the cornflakes.
> Kim **watches** TV all day.

Die **Verneinung** von Vollverben im simple present wird
mit *don't* gebildet. Auch hier gibt es für die 3. Person Sin-
gular eine Ausnahme: *doesn't*.

> **Beispiele:**
> The Jacksons **don't spend** their holidays on the beach.
> Lisa **doesn't read** a book.

Bei **Fragen** rückt das Hilfsverb vor das Subjekt. Wenn kein
anderes Hilfsverb im Aussagesatz vorhanden ist, nimmst
du eine Form von *to do*. Das Vollverb steht im Infinitiv.

> **Beispiele:**

Ausssagesatz mit Hilfs-verb	Aussagesatz ohne Hilfs-verb
Sue **can** do it alone.	Mr Pitt **teaches** German.
Can Sue do it alone?	**Does** Mr Pitt **teach** German?

Gebrauch

Man verwendet das simple present für

- gewohnheitsmäßige Handlungen, die regelmäßig geschehen. Folgende Signalwörter helfen, das simple present als richtige Zeit zu erkennen.

Beispiele:	
always, usually	I **usually feel** bad when there's an English class test.
every day/week/month	Yoko **watches** TV **every day**.
in the morning/evening	**In the evening** I **am** too tired to do my homework.
often, sometimes	**Sometimes** I **take** the bus to get to school.
never	I **never take** notes.

- aufeinanderfolgende Handlungen, wie sie in Beschreibungen oder Erzählungen vorkommen. Auch hier gibt es aussagekräftige Signalwörter:

Beispiele:	
first, then, after that, soon, at last	**First** we've got German, **then** there is Mrs Montgomery with English. **After that** we've got today's best lesson, Biology with Mrs Smith.

- allgemeingültige Behauptungen und Sachverhalte:

Beispiele:
Managers **get** too much money.
Saturday **is** the best day of the week.

Das present progressive

Das present progressive ist die Verlaufsform der Gegenwart. Es hat im Deutschen keine Entsprechung.

Bildung

Das present progressive wird mit einer Form von *to be* und der Grundform des Vollverbs + *-ing* (present participle) gebildet.

Bei manchen Verben kommt es zu einer Veränderung in der Rechtschreibung:

- Bei Verben mit einem stummen *e* am Wortende fällt dieses weg: *come* ⟶ *coming*.
- Ein *ie* am Ende eines Verbs wird zu *y*: *die* ⟶ *dying*.
- Konsonanten wie *m, p* oder *t* nach einem kurzen Vokal werden verdoppelt: *run* ⟶ *running*.

> **Beispiele:**
> Marcia **is putting** her English book on the desk.
> Tracy's grandfather **is dying**.

Bei der **Verneinung** schiebt sich *not* zwischen die Form von *to be* und das Vollverb.

> **Beispiele:**
> Mr O'Brian **is not teaching** English this week.
> He**'s not coming** until I call him.

Bei **Fragen** rückt die Form von *to be* an die Satzspitze bzw. hinter das Fragepronomen.

> **Beispiele:**
> **Is** he **walking** the dog?
> Where **are** we **going**?

Bei **Kurzantworten** nimmst du die Form von *to be* aus der Frage wieder auf. Möchtest du die Frage verneinen, verwendest du in der Regel die Kurzform.

1

Beispiele:
Are they listening to their teacher? – No, they **aren't**.
Is Kim looking out of the window? – Yes, she **is**.

Gebrauch
Man verwendet das present progressive für
* Handlungen, die gerade im Moment des Sprechens passieren, erkennbar an Signalwörtern.

Beispiele:	
now, at the moment, just	I **am reading** a book **now**.
this morning/evening, today	**Are** you **enjoying this evening**?

* Bildbeschreibungen: In Karikaturen, Zeichnungen oder Photos ist festgehalten, was Personen gerade in dem Moment tun.

Beispiele:
The boy in the photo **is laughing**.
In the picture kids **are surfing** on the Internet.

Simple present oder present progressive?
Während das simple present regelmäßige Handlungen in der Gegenwart beschreibt, wird mit dem present progressive eine einmalige Handlung ausgedrückt, die im Moment des Sprechens noch andauert. Im Deutschen kann man sich mit Formulierungen wie *gerade* etc. behelfen, um das present progressive wiederzugeben.

Beispiele:

simple present	present progressive
I **play** the drums every day. *Ich spiele jeden Tag Schlagzeug.*	I **am playing** the drums. *Ich spiele gerade Schlagzeug.*
Dogs **bark**. *Hunde bellen.*	Listen! Phil's dog Cassie **is barking**. *Hört mal! Phils Hund Cassie bellt.*

Achtung! Folgende Verben haben **keine progressive form**, da sie keine bestimmte Dauer ausdrücken können. Zu diesen gehören:

- Verben des Wissens und Meinens: *know, think, mean, believe*
- Verben der Sinneswahrnehmung: *hear, see*
- Verben, die Gefühle oder Wünsche ausdrücken: *love, like, want*
- Verben, die Zustände benennen: *be, have, own*

Beispiele:
I **think** I **know** what you mean.
Those houses **look** really old.

Das simple past

Das simple past ist die einfache Vergangenheitsform des Englischen.

Bildung
Die Formen für das simple past sind für alle Personen gleich.

Bei den Verben, die die Vergangenheitsformen (simple past, past participle) regelmäßig bilden, wird an die Grundform *-ed* angehängt. Dabei sind folgende Rechtschreibregeln zu beachten:

- Ein stummes *e* am Wortende entfällt: *invite* ➤ *invited*.
- Bei Verben, die auf Konsonant + *y* enden, wird das *y* zu einem *i*: *copy* ➤ *copied*.
- Konsonanten am Ende eines Verbs nach einem kurzen, betonten Vokal werden verdoppelt: *stop* ➤ *stopped*.

Beispiele:
We **invited** him to our party.
I **copied** Ben's homework.
The music **stopped**.

Bei der **Aussprache** gelten folgende Regeln:
- Nach Vokalen und stimmhaften Konsonanten wird die Endung *-ed* als [d] ausgesprochen.
- Nach stimmlosen Konsonanten sprichst du die Endung als [t] aus.
- Nach [d] oder [t] wird die Endung als [ɪd] ausgesprochen.

Beispiele:

[d]	[t]	[ɪd]
opened	watched	mended
tried	helped	wanted

- Nicht alle simple-past-Formen enden auf *-ed*. Es gibt unregelmäßige Formen, die du einfach auswendig lernen musst.

Beispiele:

go	He **went** home.
find	I **found** my pen under the table.
have	Ben **had** eggs for breakfast.
eat	He **ate** two sandwiches.
come	Dad **came** home late.
say	Debbie **said** it was wrong.

Mit den Formen von *to be* kannst du Fragen, Verneinungen und Kurzantworten in der einfachen Vergangenheit bilden. Im simple past gibt es zwei Formen:

- *I/he/she/it was*
- *you/we/they were*

Beispiele:

Verneinung	Mum **wasn't** at home. The Taylors **weren't** friendly neighbours.
Fragen	**Was** Richard nervous? **Were** Sarah and Tess there?
Kurzantworten	Was Phil at school yesterday? – No, **he wasn't**. Were Jade and Nasreen with you? – No, **they weren't**.

Gebrauch

Man verwendet das simple past

- für abgeschlossene Handlungen in der Vergangenheit. Zeitangaben wie die folgenden zeigen dies an:

Beispiele:

yesterday	**Yesterday** I **saw** Terry together with Lisa in the supermarket.
last week/ month/year	I **was** much better in English **last year**.

Das going to future

Bildung

Das going to future wird mit einer Form von *to be going to* und der Grundform des Verbs gebildet. Während die Form von *to be* konjugiert wird und die jeweilige Person anzeigt, bleiben *going to* und der Infinitiv unverändert.

Beispiele:
Our parents **are going to buy** a new house.
I **am going to be busy** this afternoon.

Bei der **Verneinung** steht *not* zwischen der Form von *to be* und *going to*.
Bei **Fragen** rückt die Form von *to be* an die Satzspitze bzw. hinter das Fragepronomen. *Going to* und der Infinitiv bleiben hinter dem Subjekt.

Beispiele:

Verneinung	I **am not going to listen** to him.
Fragen	**Are** they **going to tell** him their idea? What **are** you **going to** do?

Gebrauch

Das going to future verwendet man,
• um Pläne oder Absichten für die nahe Zukunft auszudrücken.

> **Beispiele:**
> Where **are you going to spend** your holidays?
> They **are going to help** you in the afternoon.

Hinweis: Im Deutschen kann das going to future durch Formulierungen wie „vorhaben", „beabsichtigen" oder „wollen" wiedergegeben werden.

Beispiel:	
Are you going to throw away your old skateboard?	*Hast du (wirklich) vor, dein altes Skateboard wegzuschmeißen?*

- um Situationen oder Ereignisse zu beschreiben, die in naher Zukunft eintreten werden oder wenn bereits Anzeichen dafür gegeben sind.

> **Beispiele:**
> It's 7.30. I**'m going to be late** again.
> It**'s going to rain** soon.

Achtung: Das going to future und das present progressive sehen sich zum Verwechseln ähnlich, wenn das Vollverb *to go* verwendet wird. Schau deshalb genau hin!

Beispiele:	
going to future	**present progressive**
Lucy and Jill **are going to go** to the cinema this evening. *Lucy und Jill haben vor, heute Abend ins Kino zu gehen.*	Lucy and Jill **are going to** the cinema this evening. *Lucy und Jill gehen heute Abend ins Kino.*

5 Satzarten

Aussagesätze

1

Subjekt – Verb – Objekt
Regeln:

- Während im Deutschen ein ziemlich variantenreicher Satzbau möglich ist, gibt es im Englischen eine streng festgelegte Wortstellung im Satz: **Subjekt – Verb – Objekt (S – V – O)**: *I like you.*
- Allein die Position im Satz entscheidet darüber, was Subjekt und Objekt ist. Es gilt für den Aussagesatz generell, dass das **Substantiv vor dem Verb immer das Subjekt** ist.

> **Beispiele:**
> **Jane** loves Ted. – You mean that **Ted** loves Jane? –
> No, **Ted** doesn't love Jane, **he** loves Emma.

- Das Prädikat steht im Englischen stets vollständig vor dem Objekt. Dies gilt auch für Sätze mit Modalverben.

> **Beispiele:**
> I **can sing** a song.
> The sisters **needn't come** home before eight o'clock.

- Die Satzstellung S – V – O gilt, im Gegensatz zum Deutschen, auch für den Nebensatz.

Die Stellung von Adverbien, Orts- und Zeitangaben

Adverbien der Häufigkeit, Orts- und Zeitangaben können nur an bestimmten festgelegten Stellen des Satzes stehen, die die grundsätzliche Wortstellung von Subjekt – Verb – Objekt jedoch nicht verändern.

Regeln:

- **Adverbien der Häufigkeit** wie *never, often, already, always, sometimes* stehen meist vor dem Vollverb. Wird ein Hilfsverb verwendet, stehen sie zwischen dem Hilfsverb und dem Infinitiv des Vollverbs.

> **Beispiele:**
> Mr Spencer **always** worries about his son.
> Ben can **never** wait for others.
> Lisa and Kim have **usually** got a lot of homework.

- Wenn das Verb eine Form von *to be* ist, stehen die Adverbien danach.

> **Beispiele:**
> My brother is **often** silly.
> Teachers are **always** late.

- **Orts- und Zeitangaben** stehen in der Regel am Ende des Satzes. Sie stehen niemals zwischen Verb und Objekt.
- Treffen Orts- und Zeitangaben am Ende eines Satzes aufeinander, gilt die Regel: **Ort vor Zeit**.

Beispiele:

Subjekt	Verb	Objekt	Ort	Zeit
Sam	sees	the thief	in the shop	at two o'clock.
Tess	does	her work	in the kitchen	before dinner.
We	don't like writing	English tests	at school	on Friday afternoon.

- Zur besonderen Betonung kann die Zeitangabe auch an den Anfang des Satzes gestellt werden.

Beispiele:

Zeit	Subjekt	Verb	Objekt	Ort
In the afternoon	Farah	meets	her friend	in front of the cinema
After school	Martin	plays	the guitar	at Ben's house.

Fragesätze

Fragen haben eine andere Satzstellung, da ein Hilfsverb vor das Subjekt rückt. Es gibt Entscheidungs- und Ergänzungsfragen.

Entscheidungsfragen

Entscheidungsfragen haben **kein Fragewort**. Sie können nur mit „Ja" oder „Nein" (bzw. einem ergänzenden Kurzsatz) beantwortet werden.

Regeln:

- Möchtest du eine Entscheidungsfrage aus einem Aussagesatz bilden, musst du das finite Hilfsverb und das Subjekt in der Reihenfolge vertauschen.

Beispiele:

Aussagesatz	**I am** ready. **You can** come with me.
Entscheidungsfrage	**Are you** ready? **Can I** come with you?

- Ist kein Hilfsverb vorhanden, hilft eine Form von *to do*, die du an den Satzanfang stellst.

Beispiele:	
Aussagesatz	**Entscheidungsfrage**
Boys **spend** hours in front of the computer.	**Do** boys **spend** hours in front of the computer?
Mike **plays** computer games every night.	**Does** Mike **play** computer games every night?

- Um höflicher zu wirken, solltest du auf eine Entscheidungsfrage stets mit einer Kurzantwort reagieren. Dabei greifst du das Hilfsverb der Frage wieder auf.

Beispiele:	
Entscheidungsfrage	**Kurzantwort**
Must I do my homework now?	Yes, you **must**.
Is Amanda in love with Terry?	No, she **isn't**.

- Bei Fragen in der Verlaufsform stellst du die Langform von *to be* an den Satzanfang.

Beispiele:
Are you **watching** TV?
Is your mobile phone **ringing**?

Ergänzungsfragen

Ergänzungsfragen können nach Objekten, Besitzverhält-
nissen oder adverbialen Bestimmungen fragen. Eine Ant-
wort mit „Ja" oder „Nein" ist nicht möglich.

Regeln:

- Ergänzungsfragen beginnen mit einem **Fragewort**, z. B. *when, where, why, how* oder *what*. Danach folgen sie den Regeln der Bildung von Entscheidungsfragen. Das bedeutet, das finite Hilfsverb rückt vor das Subjekt.
- Auch hier gilt: Ist kein Hilfsverb vorhanden, nimmst du eine Form von *to do*.

Beispiele:

Fragewort	Hilfsverb	Subjekt	Vollverb	restlicher Satz
Where	have	you	got	your folder?
When	does	Sam	start	with his work?
How	do	they	want	to do that?
Why	can't	he	come	to the party?
What	are	we	doing	now?

Imperative

Aufforderungen und Verbote weichen ebenfalls von der Wortstellung des Aussagesatzes (S – V – O) ab. Weil das Subjekt fehlt, steht immer ein Verb am Anfang.

Aufforderungen, Bitten und Vorschläge
Regeln:

- Bei bejahten Imperativen hat das auffordernde Verb am Satzanfang die Form wie der Infinitiv. Mit diesen Sätzen kannst du eine Anweisung bzw. einen Befehl geben.
- Handelt es sich um eine Bitte, solltest du das Wort *please* benutzen, um nicht unhöflich zu wirken.
- Möchtest du noch weniger verbindlich sein und einen Vorschlag machen, verwendest du *let's* und den Infinitiv.

Beispiele:
Be quiet!
Open your books, please.
Let's meet at seven o'clock.

Verbote und Ermahnungen

Regeln:

• Für Verbote und Ermahnungen, etwas nicht zu tun, braucht man den verneinten Imperativ. Zu diesem Zweck setzt man *do not/don't* vor den Infinitiv.

• *Do not* klingt sehr förmlich und streng, so dass es in der Regel nur auf Verbotsschildern zu lesen ist. Im mündlichen Sprachgebrauch verwendet man die Kurzform.

Beispiele:
Don't talk to me like this.
Do not sit on the grass!

Sätze mit Konjunktionen

Konjunktionen verbinden entweder zwei Hauptsätze oder einen Hauptsatz und einen Nebensatz. Durch diese Bindewörter kannst du deinen Stil deutlich verbessern.

Regeln:

• *Before, until, where, so, because, when* leiten stets den Nebensatz in einem Satz ein. Die meisten von ihnen können sowohl am Satzanfang als auch in der Satzmitte stehen. Dies gilt jedoch nicht für *so* und *because*.

• Steht der Nebensatz nach dem Hauptsatz, so setzt man im Englischen vor der Konjunktion **kein** Komma.

Beispiele:

before – *bevor*	**Before** you tell your parents, come and see me.
until – *bis*	We watch TV **until** our parents come home.
where – *wo*	Mr Jackson goes to a restaurant **where** he meets a friend.
so – *weshalb*	Terry is ill **so** he can't go to the football training.
because – *weil*	Emma does her best **because** she wants to win a prize.

- Die Konjunktion *when* kann im Deutschen zwei Bedeutungen haben: „wenn" oder „als".

Beispiele:

Sarah is listening to a CD **when** suddenly the telephone rings.	*Sarah hört gerade eine CD, als plötzlich das Telefon klingelt.*
When John is 18, he gets a car from his parents.	*Wenn John 18 ist, bekommt er ein Auto von seinen Eltern.*

- Die Konjunktionen *and* und *but* verbinden Hauptsätze. Sie stehen in der Regel nicht am Satzanfang.

Beispiele:

and – *und*	They pack some sandwiches **and** go for a picnic.
but – *aber*	Laura does not want to show that she is happy **but** then she starts to smile.

6   Zahlen, Datum, Uhrzeit

Grund- und Ordnungszahlen

Man unterscheidet zwischen Grund- und Ordnungszahlen.

Grundzahlen

Regel: Die Zahlen von 13 bis 19 enden auf *-teen*, die Zahlen von 20 bis 90 auf *-ty*.

1	one	13	**thir**teen	30	**thir**ty
2	two	14	fourteen	40	forty
3	three	15	**fif**teen	50	**fif**ty
4	four	16	sixteen	60	sixty
5	five	17	seventeen	70	seventy
6	six	18	**eigh**teen	80	**eigh**ty
7	seven	19	nineteen	90	ninety
8	eight	20	twenty	100	one/a hundred
9	nine	21	twenty-one	101	one hundred **and** one
10	ten	22	twenty-two		
11	eleven	23	twenty-three	1000	one/a thousand
12	twelve			2002	two thousand and two

Achte auf die folgenden Besonderheiten:
- Zwischen Zehnern und Einern steht ein Bindestrich: *twenty-one, fifty-two, ninety-nine*.
- Vor *hundred* und *thousand* steht immer der unbestimmte Artikel oder ein Zahlwort: *a hundred/one hundred*.
- Bei Zahlen über 100 steht vor Zehnern und Einern **and**: *two hundred and ten, three hundred and thirty-six*.

Ordnungszahlen

Regeln:

- Ordnungszahlen werden mit der Endung *-th* gebildet. Du nimmst sie für das Datum, für Jahreszahlen und Aufzählungen.
- Ausnahmen bilden die ersten drei *(first, second, third)* und ihre zusammengesetzten Formen, z. B. *twenty-first*.
- Bei den Zehnerzahlen 20, 30, 40 … 90 wird das *-y* am Ende durch ein *-ie* ersetzt.

1st	**first**	16th	sixteenth
2nd	**second**	17th	seventeenth
3rd	**third**	18th	**eigh**teenth
4th	fourth	19th	nineteenth
5th	**fif**th	20th	twent**ie**th
6th	sixth	21st	twenty-first
7th	seventh	22nd	twenty-second
8th	**eigh**th	23rd	twenty-third
9th	**nin**th	30th	thirtieth
10th	tenth	31st	thirty-first
11th	eleventh	40th	fortieth
12th	twelfth	100th	hundredth
13th	**thir**teenth	250th	two hundredth
14th	fourteenth		and **fif**t**ie**th
15th	**fif**teenth	1000th	thousandth

Datum und Jahreszahlen

Beim Datum und bei Jahreszahlen kommen Grund- und Ordnungszahlen zur Anwendung. Die Aussprache weicht häufig von der Schreibweise ab.

Datum

Regel: Das Datum kannst du mit Grund- oder Ordnungszahlen schreiben. Bei der Aussprache musst du aber immer die Ordnungszahlen verwenden. Es gibt jeweils zwei Möglichkeiten.

Beispiele:	
Schreibweise	**Aussprache**
12 May/May 12	**"the twelfth of May"**
May 12th/12th May	*oder* **"May the twelfth"**

Jahreszahlen

Regeln:

• Jahreszahlen werden häufig in Zehnerschritten genannt.

Beispiele:	
Schreibweise	**Aussprache**
1776	"seventeen seventy-six" (*oder* "seventeen hundred and seventy-six")
1945	"nineteen forty-five"
1800	"eighteen hundred"

Achtung: In unserem jungen Jahrtausend werden die Jahre durch *and* eingeleitet.

Beispiele:

Schreibweise	Aussprache
2006	"two thousand and six"
2013	"two thousand and thirteen"

Die Uhrzeit

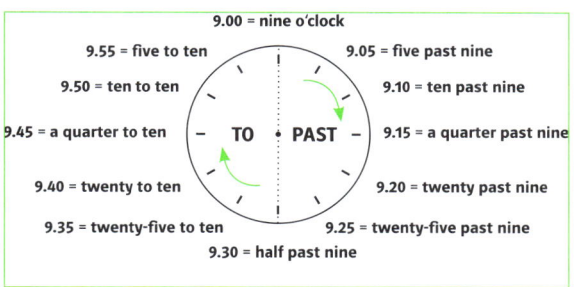

Regeln:

- Volle Stunden werden im Englischen mit *o'clock* bezeichnet.
- Die Viertelstunden werden mit *quarter past* („nach")
  bzw. *to* („vor") bezeichnet. Die halbe Stunde ist *half past*.

Beispiele:

4.00   four o'clock *(vier Uhr / 16 Uhr)*
11.30   half past eleven *(halb zwölf)*
12.45   quarter to one *(Viertel vor eins)*

- Fünfminütige Zeitabstände werden meist ohne *minutes* ausgedrückt, bei allen anderen Minutenangaben muss *minutes* stehen.

Beispiele:

18.56	four minutes to seven
13.10	ten past one

- Man kann die Uhrzeit aber auch ohne *past* und *to* angeben.

Beispiele:

9.04	nine "oh" four
10.15	ten fifteen
7.58	seven fifty-eight

- Im Englischen zählt man die Stunden nur von eins bis zwölf (nicht bis 24!). Die Zeit von Mitternacht bis 12 Uhr mittags bezeichnet das Kürzel *am* (lat. *ante meridiem,* „vor Mittag"). Für die Zeiten von 12 Uhr mittags bis Mitternacht verwendet man *pm* (lat. *post meridiem,* „nach Mittag").

Beispiele:

It's 11 am.	It's 11 pm.
Es ist 11 Uhr.	*Es ist 23 Uhr.*

Online-Abschlusstest

In diesem Kapitel konntest du alle Grammatikthemen von Green Line 1 nachlesen.

Unter www.kompaktwissen.klettlerntraining.de kannst du nun überprüfen, wie sicher du den Stoff von Green Line 1 beherrschst.

Zu allen Themen von Green Line 1 erhältst du Tests mit Aufgaben. Wenn du sie bearbeitet hast, bekommst du am Ende der Tests eine Auswertung.

Willst du immer im Blick haben, welche Themen du schon kannst oder was du besser nochmals wiederholst? Dann übertrage deine Online-Ergebnisse unten in die Tabelle.

Viel Erfolg beim Online-Test!

Mein Ergebnis im Online-Test – Green Line 1

Thema	☒ Test gut bestanden	☒ will ich wiederholen
Substantive		
Simple present und present progressive		
Satzarten		

Green **Line 2**

Green **Line** 2

5 Satzarten

1 Substantive

Some in Fragen

Regel: *Some* steht in (bejahten) Aussagesätzen und Fragen, die als höfliche Bitte oder Angebot zu verstehen sind.

(bejahter) Aussagesatz	I'm going to buy **some** new T-shirts. *Ich werde ein paar neue T-Shirts kaufen.*
höfliche Bitte	Could you I have **some** more coffee, please? *Könnte ich noch etwas Kaffee haben?*
Angebot	Would you like **some** fruit, Mark? *Möchtest du etwas Obst, Mark?*

Zusammensetzungen von *some* und *any*

Die Zusammensetzungen werden wie *some* und *any* verwendet.

Regeln:

- *Somebody, something, somewhere* stehen in bejahten Aussagen und Fragen, die als Angebote und höfliche Bitten zu werten sind.

> **Beispiele:**
> **Somebody** has called me late at night.
> *Irgendjemand hat mich spät in der Nacht angerufen.*
> Can you put it **somewhere** in the kitchen, please?
> *Kannst du es bitte irgendwo in der Küche abstellen?*
> Do you want **something** to drink?
> *Möchtest du etwas zu trinken?*

- *Anyone, anything, anywhere* stehen in Fragen, Verneinungen und Bedingungen.

Beispiele:

Fragen	Does **anyone** know the answer?
	Weiß jemand die Antwort?
Verneinungen	I can't see **anybody**.
	Ich kann niemanden sehen.
Bedingungen	If you find Ted **anywhere**, tell him to come home at once.
	Wenn du Ted irgendwo findest, sag ihm, er soll sofort nach Hause kommen.

Everyone, everywhere, everything

Wie *some* und *any* besitzt auch *every* zusammengesetzte Formen.

Beispiele:

Everyone needs a pencil and a piece of paper.
Jeder braucht einen Bleistift und ein Blatt Papier.
That's not difficult. You'll find them **everywhere**.
Das ist nicht schwierig. Ihr werdet sie überall finden.
Everything I do, I do for you.
Alles, was ich mache, mache ich für dich.

Nobody, nowhere, nothing

Ähnliches gilt für *no* und seine Zusammensetzungen.

Beispiele:

Nobody is perfect.
Niemand ist vollkommen.
I can see him **nowhere**.
Ich kann ihn nirgends/nirgendwo sehen.
There is **nothing** between us.
Es steht nichts zwischen uns.

Das Stützwort *one/ones*

Die Stützwörter *one* bzw. *ones* werden verwendet, wenn man ein Nomen nicht wiederholen möchte.

> **Beispiele:**
> Look, the girl over there! – **The one** with the red shoes?
> – No, I mean **the one** at the door.

One/ones muss immer dann verwendet werden, wenn ein Adjektiv oder Attribut vor dem Nomen steht.

> **Beispiele:**
> That's my friend Bryan. He's the **best one** I ever had.
> *Das ist mein Freund Bryan. Er ist der Beste, den ich je hatte.*

Possessivpronomen

Regel: Possessivpronomen zeigen Besitzverhältnisse an. Sie ersetzen ein Substantiv, um Wiederholungen zu vermeiden.

Beispiele:		
1. Ps. Sg.	mine	Is this my book? – No, it's **mine**.
2. Ps. Sg.	yours	That's my bike, not **yours**, Tom.
3. Ps. Sg.	his/hers	Are these her friends? – No, they are **his**. Is this Mrs Connor's bag? – No, **hers** is black.
1. Ps. Pl.	ours	Your parents allow you to go to the party, but **ours** say no.
2. Ps. Pl.	yours	What about these CDs? Kim and Sarah, are they **yours**?
3. Ps. Pl.	theirs	Our house is bigger than **theirs**.

2   Adjektive und Adverbien

Adjektive

Adjektive beschreiben Menschen, Tiere, Dinge oder Ereignisse näher. Sie geben an, wie etwas ist.

Regeln:
* Als **Attribute** stehen Adjektive unmittelbar vor dem Substantiv, das sie näher bezeichnen.

> **Beispiele:**
> It was a **long** way to London.
> Harry has seen an **interesting** film.

* Als **Prädikatsnomen** folgen Adjektive nach *to be* oder *to become*.

> **Beispiele:**
> His answers **were correct**.
> Robert Pattinson **became famous** as an actor.

Die Steigerung mit *-er/-est*

Es gibt im Englischen zwei Formen, um Adjektive zu steigern, also den **Komparativ** und den **Superlativ** zu bilden. Entscheidend sind dabei die Zahl der Silben, aus denen das Adjektiv besteht, und die Endung.

Regel: Alle **einsilbigen** Adjektive werden mit *-er/-est* gesteigert.

> **Beispiele:**
>
> | | | |
> |---|---|---|
> | fast | fast**er** | fast**est** |
> | great | great**er** | great**est** |
> | small | small**er** | small**est** |

Dies gilt auch für alle **zweisilbigen** Adjektive, die auf *-er,*
-le oder *-y* enden. Aus *-y* wird bei der Steigerung *-ier* bzw.
-iest.

Beispiele:

clever	clever**er**	clever**est**
early	earl**ier**	earl**iest**
happy	happ**ier**	happ**iest**
simple	simpl**er**	simpl**est**

Achtung: Bei der Schreibung gibt es darüber hinaus Folgendes zu beachten:
• Nach einem kurzen betonten Vokal wird der Konsonant
  verdoppelt:

Beispiele:

big	big**ger**	big**gest**
hot	hot**ter**	hot**test**

• Ein stummes *-e* am Ende des Adjektivs entfällt.

Beispiele:

late	lat**er**	lat**est**
nice	nic**er**	nic**est**

Die Steigerung mit *more* und *most*
Regeln:
• Alle **zweisilbigen** Adjektive, die nicht auf *-y* enden,
  werden mit *more* bzw. *most* gesteigert.

Beispiele:

careful	**more** careful	**most** careful
famous	**more** famous	**most** famous
helpful	**more** helpful	**most** helpful

- Auch alle **drei-** und **mehrsilbigen** Adjektive bilden auf diese Weise den Komparativ bzw. Superlativ.

Beispiele:

difficult	**more** difficult	**most** difficult
expensive	**more** expensive	**most** expensive
interesting	**more** interesting	**most** interesting

2

Unregelmäßige Steigerungsformen

Wie im Deutschen gibt es auch im Englischen unregelmäßigen Steigerungsformen. Die wichtigsten sind:

Beispiele:

good	better	best
bad	worse	worst
little	less	least
much/a lot	more	most

Adverbien der Art und Weise

Adverbien **beschreiben** in erster Linie Verben, aber auch Adjektive, andere Adverbien und sogar ganze Sätze **näher**. Sie geben an, wie jemand etwas tut bzw. wie eine Handlung zu verstehen ist.

Beispiele:
Mary **carefully practised** her presentation.
She was **terribly shocked** by the accident.
Sarah plays her part **usually well**.
Two people **foolishly went** into the water.

Bildung

Adverbien werden in der Regel gebildet, indem man an das Adjektiv die Endung *-ly* anhängt.

Beispiele:	
Adjektiv	**Adverb**
careful	carefully
polite	politely

Beachte folgende Besonderheiten:
- Bei Adjektiven, die auf *-y* enden, wird das *y* durch *i* vor der Endung *-ly* ersetzt.

Beispiele:	
easy	easily
angry	angrily

- Bei Adjektiven, die auf Konsonant + *-le* enden, entfällt das *-e*.

Beispiele:	
simple	simply
terrible	terribly

- Einige Adjektive sehen als Adverbien genauso aus: *friendly, fast* und *hard*.

Beispiele:	
Her aunt is **friendly**.	She talks in a **friendly** way.
He is a **hard** worker.	He often works **hard**.
I am a **fast** runner.	She drives **fast**.

Achtung: Verwechsle nicht diese beiden Adverbien:

Beispiele:	
She worked **hard**.	She worked **hardly**.
*Sie arbeitete **schwer**.*	*Sie arbeitete **kaum**.*

Die Steigerung

Regeln:

- **Einsilbige** Adverbien werden mit *-er/-est* gesteigert.

Beispiele:		
fast	fast**er**	fast**est**
hard	hard**er**	hard**est**

- **Zwei-** und **mehrsilbige** Adverbien werden mit *more/ most* gesteigert.

Beispiele:		
angrily	**more** angrily	**most** angrily
beautifully	**more** beautifully	**most** beautifully

- Unregelmäßig sind folgende Steigerungsformen:

badly	worse	worst
well	better	best

Der Vergleich

As ... as

Willst du Personen, Dinge oder Handlungen miteinander vergleichen, tust du dies mit *(not) as ... as*.

> **Beispiele:**
> Ted is **as clever as** his older sister.
> Dad drives **as crazily as** Michael Schumacher.
> Paul is **not as good** at computers **as** Nora.
> Joe doesn't speak English **as well as** Mark.

More/less ... than

Ungleichheit kann auch mit dem Komparativ (*more* bzw. *less ... than*) ausgedrückt werden.

Beispiele:
The class test is **more difficult than** the last one.
Scott runs **faster than** Justin.
These trousers are **less expensive than** the blue ones.

3 Modalverben

May, could und *shall*

May, could und *shall* kannst du in Fragen verwenden. Ihr Gebrauch hängt davon ab, in welchen Situationen bzw. zu welchem Zweck diese Fragen gestellt werden.

Regeln:

- Fragen mit *may* klingen sehr förmlich. Du gebrauchst sie, um besonders höflich zu sein.

Beispiele:
May I ask you a question? – Yes, you may.
"**May** I clear the table?" the waiter asked.

- Fragen mit *could* sind weniger förmlich, aber höflicher als solche mit *can*.

Beispiele:
Could you please listen to me for a moment?
Could I talk to you for a minute?

- Durch Fragen mit *shall* kannst du einen Wunsch oder einen Vorschlag ausdrücken. *Shall* kann nur in der ersten Person Singular und Plural verwendet werden.

Beispiele:
Shall I go and get your camera?
Shall we take the Underground?

Can, may, to be able to und *to be allowed to*

Can kann nur im Präsens stehen. Die Vergangenheitsform ist *could*. Für andere Zeiten müssen Ersatzformen verwendet werden. Ähnliches gilt für *may*, welches ebenfalls nur eine Form für die Gegenwart besitzt.

2

Regeln:

• Möchtest du ausdrücken, dass jemand zu etwas fähig bzw. unfähig ist, kannst du *can* oder *may* bzw. die Ersatzform *to be able to* verwenden.

Beispiele:	
present tense	Colleen **can** speak English very well. She **is able to** speak English without any problems.
past tense	I **couldn't** listen to the teacher because it was too loud. So I **wasn't able** to do my homework.
will future	I **will be able to** drive a car next year because I take driving lessons now.

• Möchtest du dagegen sagen, dass jemand etwas (nicht) darf, musst du als Ersatzform für *can* und *may* die Formen von *to be allowed to* verwenden.

Beispiele:	
present tense	Tracy is **not allowed to** come with us. So we **can't** expect her to be there.
past tense	The pupils were **not allowed to** leave the school building.
will future	You **will be allowed to** use your exercise books for your next class test.

Must, needn't und *have to*

Das modale Hilfsverb *must* („müssen") drückt aus, dass etwas notwendig ist bzw. getan werden muss. Auch *must* kann nur im simple present verwendet werden. In allen anderen Zeiten musst du die Ersatzform *have to* verwenden.

Beispiele:	
present tense	You are ill. You **must** stay in bed. Sarah **has to** be back in an hour.
past tense	Tina **had to** talk to her tutor.
will future	You **will have to** tell it to your parents!

Mit *needn't* bzw. *not have to* wird ausgedrückt, dass **keine Notwendigkeit** (mehr) besteht. *Needn't* kommt nur im simple present vor. Alle anderen Zeiten müssen mit *not have to* gebildet werden.

Beispiele:	
present tense	You **needn't** wait for me. You **don't have to** be so shy.
past tense	We **didn't have to** get up early.
will future	You **won't have to** tell them. They all know about it.

Achtung! Die Verneinung von *must* lautet *needn't* oder *not have to*. Wenn du *mustn't* schreibst, meinst du „nicht dürfen"!

Beispiele:	
You **needn't** go to school.	*Du **brauchst nicht** in die Schule zu gehen.*
You **mustn't** go to school.	*Du **darfst nicht** in die Schule gehen.*

To have to ist ein Vollverb. Aus diesem Grund wird es in Fragen und Verneinungen mit *don't/doesn't* bzw. *didn't* verwendet.

Beispiele:	
Must I be back at 8 o'clock?	Do I **have to be** back at 8 o'clock?
The doctor needn't come.	The doctor **doesn't have to** come.

4 Zeiten

Die Vergangenheit

Simple past
Das simple past ist die einfache Vergangenheit des Englischen. Im Deutschen kannst du es entweder mit dem Präteritum oder dem Perfekt wiedergeben.

Beispiele:	
Last week I **lost** my skateboard.	*Letzte Woche **verlor** ich mein Skateboard.*
	*Letzte Woche **habe** ich mein Skateboard **verloren**.*

Bildung
Die Formen für das simple past sind für alle Personen gleich. Bei den Verben, die die Vergangenheitsformen (simple past, past participle) regelmäßig bilden, wird an die Grundform *-ed* angehängt. Dabei sind folgende Rechtschreibregeln zu beachten:

- Ein stummes *e* am Wortende entfällt: *invite ➤ invited*.
- Bei Verben, die auf Konsonant + *y* enden, wird das *y* zu einem *i*: *try ➤ tried*.
- Konsonanten am Ende eines Verbs nach einem Vokal werden in der Regel verdoppelt: *travel ➤ travelled*.

> **Beispiele:**
> We **invited** him to our barbecue last night.
> The police **tried** to follow the thief.
> We **travelled** to India.

Bei der **Aussprache** gelten folgende Regeln:
- Nach Vokalen und stimmhaften Konsonanten wird die Endung *-ed* als [d] ausgesprochen.
- Nach stimmlosen Konsonanten sprichst du die Endung als [t] aus.
- Nach [d] oder [t] lautet die Endung [ɪd].

Beispiele:

[d]	[t]	[ɪd]
killed	stopped	needed
arrived	watched	wanted
carried	helped	painted

- Unregelmäßige Verben haben eigene Formen.

Beispiele:

go	He **went** home.
find	I **found** my pen under the cupboard.

Die **Verneinung** von Vollverben wird mit der Vergangenheitsform von *to do*, also *did not (didn't)* gebildet. Das nachfolgende Vollverb steht im Infinitiv.

> **Beispiele:**
> Joeseph **did not clear** the table.
> I **didn't steal** the money.
> Nick and Tina **didn't understand** a word.

2

Ähnliches gilt bei **Fragen**: *Did* rückt an die Satzspitze bzw. hinter das Fragewort. Auch hier steht das nachfolgende Vollverb im Infinitiv.

> **Beispiele:**
> **Did** you **know** that Tina and Tom kissed on the bus last week?
> Who **did** you **ask** about our homework?

Ein Ausnahme bildet die einfache Vergangenheit von *to be*. Im simple past gibt es zwei Formen:
- *I/he/she/it was*
- *you/we/they were*

Bei Verneinungen und Fragen mit *was* bzw. *were* brauchst du keine Form von *did*.

Beispiele:	
Verneinung	Dad **wasn't** at home. The Taylors **weren't** very friendly to their neighbours.
Fragen	**Was** Nisha at the party? **Were** Polly and Tina there?

Gebrauch

Man verwendet das simple past
- insbesondere für abgeschlossene Handlungen in der Vergangenheit. Folgende Signalwörter zeigen dies an:

Beispiele:	
yesterday	**Yesterday** I **saw** my favourite TV series.
last week/ month/year	I **was** much better in Maths **last year**.
… ago	**A week ago** I **was** ill.

- um abgeschlossene, aufeinanderfolgende Handlungen in der Vergangenheit wiederzugeben. Signalwörter sind *suddenly, then, after that* etc.

Beispiele:
Suddenly someone **opened** the door. **Then** I **could** see a man.

Past progressive
Das past progressive ist die Verlaufsform der einfachen Vergangenheit. Es hat im Deutschen keine Entsprechung.

Bildung
Das past progressive wird mit einer Vergangenheitsform von *to be* und der *-ing*-Form des Verbs (present participle) gebildet.
- Für die erste und dritte Person Singular lautet die Form *was*.
- Für die zweite Person Singular *(you)* und alle Pluralformen nimmst du *were*.

Beispiele:
Robert **was cleaning** his room.
You **were listening** to the radio.
The tourists **were looking** at the church.

- Für die **Verneinung** setzt man *not* zwischen die Form von *to be* und das Vollverb.
- Bei **Fragen** rückt die Form von *to be* an die Satzspitze bzw. hinter das Fragewort.

Beispiele:	
Verneinung	The girls **weren't laughing** when they heard the news.
Fragen	**Was** he **talking** to Susan? What **were** you **doing** at that moment?

Gebrauch

Das past progressive verwendet man

- vor allem dann, wenn in der Vergangenheit zwei Handlungen nebeneinander gestellt werden. Die Verlaufsform der Vergangenheit beschreibt die Handlung, die bereits angefangen hatte und im Hintergrund weiterlief. Für die neu einsetzende Handlung nimmst du das simple past.

Beispiele:	
past progressive (fortlaufende Handlung im Hintergrund)	simple past (neu einsetzende Handlung)
While Sally **was watching** TV,	the telephone **rang.**
While I **was reading** the magazine,	my mother **came** into my room.

Dabei deuten Signalwörter wie *still* und *while* auf das past progressive. *When* hingegen weist auf die neu einsetzende Handlung (im simple past) hin.

Beispiele:	
while	**While** they **were rowing** their boat, Bob fell into the water.
still	Mary **was still checking** her e-mails **when** her brother wanted to use the computer.

• um eine gewisse Dauer einer Handlung in der Vergangenheit zu betonen.

Beispiele:
Susan **was talking** on the phone **for hours**.
Molly **was repeating** the English vocabulary **all afternoon**.

Present perfect
Bildung
Das present perfect wird mit einer Form von *to have* und dem past participle gebildet.
• Bei regelmäßigen Verben hat das past participle die gleiche Form wie das simple past (Grundform + *-ed*).

Beispiele:	
arrive	Emma and Samuel **have arrived** at the airport.
climb	He **has climbed** Ben Nevis.

• Unregelmäßige Verben haben eigene Formen.

Beispiele:	
feed	I**'ve fed** the dog.
break	James **has broken** his leg.

Bei der **Verneinung** wird *not* zwischen die Form von *to have* und das past participle gesetzt.

Bei **Fragen** rückt die Form von *to have* an die Satzspitze bzw. steht nach dem Fragewort. Danach folgt das Subjekt und das past participle.

2

Beispiele:	
Verneinung	I **haven't taken** your DVD. Nisha **hasn't eaten** since yesterday.
Fragen	**Have** you **seen** Bruce? Why **has** he **broken** my sunglasses?

Bei **Kurzantworten** greifst du die Form von *to have* aus der Frage wieder auf. Das Subjekt wird durch ein Pronomen ersetzt.

Beispiele:
Has Tess forgotten her shopping list? – No, **she hasn't**. Have the Carltons gone to the British Museum? – Yes, **they have**.

Achtung! Im Englischen steht das **past participle** vor dem Objekt. Im Deutschen steht es dahinter.

Beispiele:	
He **has checked** the phone number.	*Er **hat** die Telefonnummer **überprüft**.*
You **haven't answered** my question.	*Du **hast** meine Frage (noch) nicht **beantwortet**.*

Gebrauch

Man benutzt das present perfect für Handlungen, die
- gerade erst abgeschlossen wurden (Signalwort ist oft *just*).

Beispiele:
The letter **has just arrived**.
They **have lost** their keys.

- in der Vergangenheit begannen und deren Auswirkungen bis in die Gegenwart reichen. Achte auf Signalwörter.

Beispiele:	
already	**Have** you **already been** to California?
ever	**Have** you **ever kissed** a girl?
never	Tracy **has never seen** such a brilliant film.
(not) yet	Nasreen **has not come** back **yet**.
so far	**So far** Laura **hasn't told** Ted about her problems.

Present perfect oder simple past?

Das present perfect betont, dass sich etwas in der Vergangenheit ereignet hat, das jetzt noch spürbar ist. An den Signalwörtern kannst du erkennen, dass der Zeitraum bis in die Gegenwart reicht.

Willst du hingegen ausdrücken, dass die Handlung in der Vergangenheit abgeschlossen wurde und vorbei ist, verwendest du das simple past. Auch hier zeigen Signalwörter an, dass das Ereignis ganz in der Vergangenheit liegt.

Beispiele:	
present perfect	**simple past**
Polly **has never played** the piano. (= sie spielt auch heute noch nicht Klavier).	Polly **played** the piano **yesterday**. (= sie spielte gestern und seither nicht mehr Klavier)

Achtung! Beim (gedanklichen) Übersetzen des deutschen Perfekts musst du auf der Hut sein. Zeitangaben wie *yesterday, last week* etc. zeigen dir, dass es sich um eine abgeschlossene Handlung handelt, die im Englischen im simple past ausgedrückt werden muss.

2

Beispiele:	
*Ich **habe** ihn **letzten Sommer** in London **getroffen**.*	I **met** him in London **last summer**.

Die Zukunft

Im Gegensatz zum Deutschen gibt es im Englischen mehrere Möglichkeiten, zukünftige Handlungen auszudrücken: das **will future** und das **going to future**.

Will future
Bildung

Beim will future gibt es nur eine Form für alle Personen. Sie besteht aus *will* und der Grundform des Vollverbs.

> **Beispiele:**
> It **will rain** tomorrow.
> I hope he**'ll come**.

Bei der **Verneinung** wird *not* zwischen *will* und das Vollverb gesetzt. Die Kurzform für *will not* lautet *won't*.
Bei **Fragen** rückt *will* an die Satzspitze bzw. hinter das Fragewort.

Beispiele:	
Verneinung	It **won't** be difficult to get there.
Fragen	**Will** he **be** shocked about that? When **will** you **do** the shopping?

Bei Kurzantworten greifst du das Hilfverb *(will)* der Frage wieder auf. Das Subjekt wird durch ein Pronomen ersetzt.

> **Beispiele:**
> **Will** Sam und Sarah believe him? – Yes, **they will**.
> **Will** Ted ever forget Jane? – No, **he won't**.

Gebrauch

Man verwendet das will future,

- um etwas über zukünftige Ereignisse zu sagen, die **nicht** von eigenen Plänen, Absichten oder Entscheidungen abhängen, also nicht beeinflussbar sind.

> **Beispiele:**
> The next earthquake in California **will kill** millions of people.
> The match in December **will be** very difficult.
> Next June Mary **will be** 14.

- um Vermutungen über die Zukunft zu äußern oder Erwartungen zu formulieren. Signalwörter sind häufig einleitende Verben wie *to believe, to be sure, to hope, to imagine* und *to think*.

> **Beispiele:**
> I **hope** that nobody **will make** that mistake again.
> I **am sure** that Sam **won't forget** his time in Germany.

Going to future
Bildung

Das going to future wird mit einer Form von *to be going to* und der Grundform des Verbs gebildet. Während die Form von *to be* konjugiert wird und die jeweilige Person anzeigt, bleiben *going to* und der Infinitiv unverändert.

2

> **Beispiele:**
> Our parents **are going to be divorced**.
> I **am going to download** the song from the Internet.

Achtung Verwechslungsgefahr! Going to future und present progressive sehen sich zum Verwechseln ähnlich, wenn das Vollverb *go* verwendet wird. Schau deshalb genau hin!

> **Beispiele:**
>
> | going to future | present progressive |
> |---|---|
> | They **are going to go to** the cinema this evening. *Sie haben vor, heute Abend ins Kino zu gehen.* | They **are going to** the cinema this evening. *Sie gehen heute Abend ins Kino.* |

Bei der **Verneinung** steht *not* zwischen der Form von *to be* und *going to*.
Bei **Fragen** rückt die Form von *to be* an die Satzspitze bzw. hinter das Fragewort. *Going to* und der Infinitiv bleiben hinter dem Subjekt.

> **Beispiele:**
>
> | Verneinung | I **am not going to stay** here any longer. |
> |---|---|
> | Fragen | **Are** they **going to meet** him today? What **are** you **going to** do? |

Bei **Kurzantworten** im going to future verwendest du allein die Form von *to be*.

> **Beispiele:**
> Are you going to write that down? – No, **I'm not**.
> Is Scot going to believe you? – No, **he isn't**.
> Are they going to get up soon? – Yes, **they are**.

Gebrauch

Das going to future verwendet man,

• um zukünftige Pläne oder Absichten auszudrücken.

> **Beispiele:**
> Where **are you going to spend** your holidays?
> They **are going to save** money for their trip to the US.

Hinweis: Im Deutschen kann das going to future durch Formulierungen wie „vorhaben", „beabsichtigen" oder „wollen" wiedergegeben werden.

> **Beispiel:**
>
> | You **are** not **going to meet** him, are you? | *Du hast nicht vor, ihn zu treffen, oder?* |
> |---|---|

• um Situationen oder Ereignisse zu beschreiben, die in naher Zukunft eintreten werden oder wenn bereits Anzeichen dafür gegeben sind.

> **Beispiele:**
> I'**m going to do** the washing-up this afternoon.
> Look at the clouds. It'**s going to rain** soon.

5 Satzarten

Fragen mit *who, what* und *which*

Who, which oder *what* sind Fragewörter, die sowohl als Objekt als auch als Subjekt verwendet werden können.

Regeln:

• Sind *who, which* oder *what* Objekt des Fragesatzes, brauchst du ein Hilfsverb, das vor das Subjekt gestellt wird. Ist keines vorhanden, nimm eine Form von *to do*.

Beispiele:

Objekt	Prädikat	Subjekt	Restsatz
Who	can	Nasreen	tell her problems to?
What	does	Scott	do now?
Which	must	we	do as homework?
			Exercise 5 or 6?

• Wird jedoch nach dem **Subjekt** gefragt, d. h. die Frage-
  wörter stehen anstelle des Subjekts, bleibt die Satzstel-
  lung des Aussagesatzes S – V – O erhalten.

Beispiel:

Subjekt	Verb	Objekt
Who	left	the party?
What	was	the reason for that?
Which	is	the shorter way?

Fragen mit Fragewörtern und Präpositionen

Bei Verben mit Präpositionen (z. B. *to get into, to come up
with*) bleiben die Präpositionen in Fragesätzen mit *who,
what* und *where* eng mit dem Verb zusammen.

Beispiel:

Aussagesatz	Frage
I **spoke to** Ms Miller.	Who **did** you **speak to**?
Tess **has put** in the missing word.	What **has** Tess **put in**?
Fred **comes from** Australia.	Where **does** he **come from**?

Bedingungssätze mit *if*

Bedingungssätze bestehen aus einem Haupt- und einem Nebensatz. Im Nebensatz wird mit *if* eine Bedingung formuliert.

Typ I
Regeln:
- Der *if*-Satz steht im simple present. Die **Bedingung** bezieht sich auf die **Gegenwart** oder die **Zukunft** und ist somit prinzipiell **erfüllbar**.
- Beim Hauptsatz verwendest du das will future: Er drückt eine Folge für die Zukunft aus, die eintritt, wenn die Bedingung erfüllt ist.

Beispiel:	
if-Satz: simple present	Hauptsatz: will future
If it **rains** tomorrow, If our team **wins**,	we **will stay** at home. it **will be** in the football final.

Typ II
Regeln:
- Der *if*-Satz steht im past tense. Die **Bedingung** bezieht sich auf die **Gegenwart** oder **Zukunft** und ist somit in aller Regel prinzipiell **möglich**, doch ziemlich **unwahrscheinlich**.
- Im Hauptsatz verwendet man das conditional (*would* + Infinitiv).
- Im *if*-Satz darfst du nicht *would* verwenden.

Beispiele:

if-Satz: past tense	Hauptsatz: conditional
If I **met** Barack Obama,	I **would ask** him about life in the White House.
If I **did** my homework well enough every day,	I **would be** better in the next class test.

2

If oder when?

Im Deutschen neigen wir leicht dazu, *if* und *when* zu verwechseln, da wir beide Wörter mit „wenn" übersetzen können. Das Englische unterscheidet hier:
* *When* hat mit einem Zeitpunkt zu tun,
* *if* drückt eine Möglichkeit aus.

Beispiel:

Möglichkeit	Zeitpunkt
If I arrive before 10.30, I'll give you a call. *Wenn (= falls) ich vor 10.30 Uhr ankomme, rufe ich dich an.*	**When** I arrive, I'll give you a call. *Wenn (= dann, wenn) ich ankomme, rufe ich dich an.*

Question tags

Question tags sind Frageanhängsel am Ende eines Aussagesatzes. Du benutzt sie, wenn du die Zustimmung oder Bestätigung deines Gesprächspartners erwartest.
Das question tag greift das Hilfsverb und das Subjekt des Aussagesatzes wieder auf. Im Deutschen gibst du es am besten mit „oder (nicht)" bzw. „nicht wahr" wieder.

Regel: Die Satzstellung des question tag entspricht der der normalen Fragebildung, d. h. Subjekt und Prädikat sind vertauscht. Dabei wandelt man das Subjekt in ein Personalpronomen um. Die Zeit des question tag entspricht der des Vollverbs im Satz.

Beispiele:	
Aussagesatz	**question tag**
Look! **This is** the actor who played in "Titanic",	**isn't it?**
Yes, and **he was** very good,	**wasn't he?**
Yes, I think so. **He can play** very well,	**can't he?**

- Liegt kein Hilfsverb im Aussagesatz vor, so wird – entsprechend den Regeln der Fragebildung – das Vollverb durch eine Form von *to do* in der Bestätigungsfrage ersetzt.

Beispiele:
You saw "The Twilight Saga", **didn't you?**
They arrive at 3 pm., **don't they?**

- Aussagesatz und question tag sind immer gegensätzlich gepolt: Ist der Aussagesatz bejaht, wird die Bestätigungsfrage verneint und umgekehrt.

Beispiele:	
Aussagesatz (+)	**question tag (–)**
His parents **came** from Italy,	**didn't they?**
Aussagesatz (–)	**question tag (+)**
She **doesn't talk** very much,	**does she?**

Notwendige Relativsätze

Regeln:
- Notwendige Relativsätze geben Informationen, ohne die der Satz nicht verständlich wäre.
- Bei notwendigen Relativsätzen steht zwischen Haupt- und Relativsatz kein Komma.
- Es sollte auch keine Sprechpause entstehen. Damit wird verdeutlicht, dass der Relativsatz nicht vom Hauptsatz zu trennen ist.

Beispiele:
This is a film **which shows the life of the Celtic tribes**.
The people **who survived the accident** are in hospital now.

Grundsätzlich kann das Relativpronomen Subjekt oder Objekt des Relativsatzes sein.

Relativpronomen als Subjekt des Relativsatzes
Personen und Dinge erfordern unterschiedliche Pronomen.

Regeln:
- Bei Personen nimmt man *who* oder *that*. *Whom* ist die Objektform von *who*. Es ist jedoch sehr förmlich und wird fast nur in der Schriftsprache gebraucht.
- *Which* oder *that* verwendest du, wenn sich der Relativsatz auf Dinge bezieht.

Beispiele:
A teacher **who** wants to be popular has to be nice.
The fire **which/that** burnt down our house ruined our lives.
Most people **whom** you meet at McDonald's don't spend much time on their meal.

2

Relativpronomen als Objekt des Relativsatzes (contact clauses)

Wenn das Relativpronomen Objekt ist (man also mit „wem?" oder „wen oder was?" fragt), kann es weggelassen werden. Diese Sätze nennt man contact clauses, da sie direkt an das Bezugswort angehängt werden.

Beispiele:	
Relativsatz mit Relativpronomen	**contact clause**
Sue cannot talk about the problem **that she has**.	Sue cannot talk about the problem **she has**.
They can't find the shopping list **which they prepared**.	They can't find the shopping list **they prepared**.
The pupils don't practise the communication skills **that they learnt**.	The pupils don't practise the communication skills **they learnt**.

Hinweis:
- Auch bei contact clauses steht kein Komma zwischen Hauptsatz und Relativsatz.
- Das Relativpronomen darf nicht weggelassen werden, wenn es das Subjekt des Relativsatzes ist!

Beispiele:
This is the man **who** stole the car. (man = *Subjekt*)
aber:
This is the man (–) we saw at the cinema. (= This is the man **that** we saw at the cinema; man = *Objekt*)

Relativsätze mit *whose*

Regeln:
- *Whose* drückt einen **Besitz** oder eine **Zugehörigkeit** aus.
- Es kann für Dinge und Personen verwendet werden.

2

> **Beispiele:**
> The people **whose mother tongue is not English** have problems with understanding the BBC news.
> The girl **whose father died in a car accident last year** doesn't want to talk about her situation.

Achtung: Verwechsle nicht *whose* und *who's (who is)*.

> **Beispiele:**
> I met a boy **whose** father is a German teacher.
> I met a boy **who's** very interested in Gaelic.

Die indirekte Rede mit dem Einleitungssatz im Präsens

Möchtest du wiedergeben, was jemand gesagt hat, ohne den Wortlaut genau zu wiederholen, musst du die indirekte Rede benutzen.

Regeln:
- Die indirekte Rede wird durch ein Verb des Sagens oder Fragens eingeleitet, z. B. *to say, to tell, to promise*.
- Steht das **Verb im Einführungssatz im simple present**, wird die indirekt wiedergegebene Äußerung **ohne** Veränderung der Zeit angehängt.
- Die Konjunktion *that* kann weggelassen werden.

- Oft müssen Verbformen und Pronomen angepasst werden, um die Perspektive des Sprechers zum Gesagten zu berücksichtigen: *Linda: "I want …"* → *Linda says **she** wants …* etc.

Beispiele:	
direkte Rede	**indirekte Rede**
Mick: "Bill is such a pain."	Mick says (that) Bill is such a pain.
Debbie: "I will never forget this moment."	Debbie promises (that) she will never forget this moment.
Tom: "I don't want to see her again."	Tom says (that) he doesn't want to see her again.

Online-Abschlusstest

In diesem Kapitel konntest du alle Grammatikthemen von Green Line 2 nachlesen.

Unter www.kompaktwissen.klettlerntraining.de kannst du nun überprüfen, wie sicher du den Stoff von Green Line 2 beherrschst.

Zu allen Themen von Green Line 2 erhältst du Tests mit Aufgaben. Wenn du sie bearbeitet hast, bekommst du am Ende der Tests eine Auswertung.

Willst du immer im Blick haben, welche Themen du schon kannst oder was du besser nochmals wiederholst? Dann übertrage deine Online-Ergebnisse unten in die Tabelle.

Viel Erfolg beim Online-Test!

Mein Ergebnis im Online-Test – Green Line 2

Thema	☒ Test gut bestanden	☒ will ich wiederholen
Some und *any* und ihre Zusammensetzungen		
Die Steigerung der Adjektive und Adverbien		
Present perfect und simple past		

Green **Line 3**

Green **Line** 3

1 Substantive

Paarwörter

Alle Substantive, die nach englischem Verständnis aus **zwei Teilen zusammengesetzt** sind, wie z.B. zwei Hosenbeine bei einer Hose, können nur in einer Pluralform verwendet werden.

> **Beispiele:**
> She threw away her old **jeans** *(ihre alte Jeans)*.
> He only wore **trousers** *(eine Hose)* when I saw him on the beach.

Regel: Wenn du von mehr als einer Hose etc. sprechen willst, musst du vor dem entsprechenden Paarwort eine Angabe wie *a/one, two/three pairs of* ergänzen.

> **Beispiele:**
> Paula bought three **pairs of jeans**.
> "Which **pair of shorts** shall I put on?" Robert asked.

Dies gilt für alle Dinge, die aus zwei gleichen Teilen bestehen.

Beispiele:	
Singular	**Plural**
These **sunglasses** were cheap. *Diese Sonnenbrille war billig.*	These two **pairs of sunglasses** were expensive. *Diese zwei Sonnenbrillen waren teuer.*

Der bestimmte und unbestimmte Artikel

Der bestimmte Artikel *the*

Bestimmte Substantive stehen – sofern sie nicht näher bezeichnet sind – generell ohne den bestimmten Artikel.

Regeln:

3

- **Abstrakte Substantive** oder **Stoffbezeichnungen** wie *life, time, luck, love, work, money, water* benennen für sich genommen keinen konkreten Gegenstand, so dass sie ohne Artikel verwendet werden. Erst wenn sie durch eine Ergänzung durch eine *of*-Phrase oder einen Relativsatz genauer definiert werden, stehen sie mit Artikel.

Beispiele:	
ohne Artikel	**mit Artikel**
Life can be hard sometimes.	Do you know the film **"The Life of Brian"**?
Money makes the world go round.	**The money that I have in my pocket** is not enough.

- Auch **Zeitangaben** stehen ohne Artikel, sofern sie nicht näher bestimmt sind.

Beispiele:	
ohne Artikel	**mit Artikel**
Monate, Tage, Jahreszeiten: It's cold in **winter**. But it's warm in **May**.	**näher bestimmte Zeitangaben:** **The winter of 2001** was very cold.
School starts on **Monday**.	**The first Monday in October** is the 3rd.

- **Verkehrsmittel** ohne nähere Bestimmung stehen ebenfalls ohne Artikel.

Beispiele:

ohne Artikel	mit Artikel
A lot of children go to school by **bus**.	**The bus to London** leaves at 4.30.
We went to New York by **plane**.	**The plane's departure** is at 3.45.
Samuel left Liverpool by **train**.	I took **the train from Victoria Station**.

- Dasselbe gilt auch für **Mahlzeiten**.

Beispiele:

ohne Artikel	mit Artikel
What did you have for **dinner**?	**The dinner we had on Saturday** was really good.
Usually we have cornflakes for **breakfast**.	I don't like the **breakfast in our hotel**.

Der unbestimmte Artikel *a* bzw. *an*

In den meisten Fällen verwendest du den unbestimmten Artikel im Englischen wie im Deutschen. Achte aber auf die folgenden Besonderheiten bei Berufen, Krankheiten und einzelnen Redewendungen.

Beispiele:

Berufe	Dave's father is **a doctor**.
	I'd like to be **a scientist**.
Krankheiten	I've got **a headache**.
	Poor child. She's got **a temperature**.

nach *quite,*	It was **such a** good movie!
such, half,	**Half an** hour ago he went home.
what	**What a** surprise!
in a hurry	I was **in a hurry** to catch my train.

Die reziproken Pronomen *each other/one another* werden verwendet, um auszudrücken, dass eine wechselseitige Beziehung zwischen verschiedenen Personen besteht.

Beispiele:

Robert and Susan love **each other**.	*Robert und Susan lieben sich/einander.*
But after their argument last Monday they haven't spoken with **one another**.	*Aber seit ihrem Streit letzten Montag haben sie nicht mehr miteinander gesprochen.*

Verdeutliche dir die unterschiedliche Bedeutung von reflexiven und reziproken Pronomen an diesen Beispielen.

Beispiele:

Reflexivpronomen	reziprokes Pronomen
They are looking at **themselves** in the mirror. *Sie schauen sich (= jeder sich selbst) im Spiegel an.*	They are looking at **each other**. *Sie schauen einander (= jeweils den anderen) an.*
They took photos of **themselves**. *Sie nahmen Fotos von sich selbst (= jeder von sich selber) auf.*	They took photos of **each other**. *Sie nahmen Fotos voneinander (= jeweils vom anderen) auf.*

Reflexivpronomen

Reflexivpronomen beziehen sich auf das Subjekt eines Satzes. Dabei können sie verwendet werden, um
- eine Handlung auf das Subjekt zurückzubeziehen (reflexiv) oder
- das Subjekt hervorzuheben (verstärkend).

	Sg.	Pl.
1. Ps.	myself	ourselves
2. Ps.	yourself	yourselves
3. Ps.	himself/herself/itself	themselves

Achtung: Die Pluralformen enden alle auf -*ves*!

Reflexiver Gebrauch

Wenn Subjekt und Objekt identisch sind, können Reflexivpronomen dazu verwendet werden, das Objekt auf das Subjekt zurückzubeziehen. Im Deutschen steht in diesen Fällen „mich/mir, dich/dir, sich (selbst)" usw.

Beispiele:	
He saw **himself** on TV.	*Er sah **sich selbst** im Fernsehen.*
Old people often can't look after **themselves** anymore.	*Alte Leute können oft nicht mehr für **sich selber** sorgen.*
You're only thinking of **yourself**!	*Du denkst nur an **dich selber**!*

Achtung: Reflexivpronomen sind im Englischen wesentlich seltener als im Deutschen. Längst nicht bei allen Verben, bei denen im Deutschen ein Reflexivpronomen verwendet wird, steht auch im Englischen eines!

Beispiele:

nicht reflexiver Gebrauch im Englischen	reflexiver Gebrauch im Deutschen
The weather **changed**.	*Das Wetter **veränderte sich**.*
The students **concentrate** on their work.	*Die Schüler **konzentrieren sich** auf ihre Arbeit.*
She **felt** better after she had talked to her best friend.	*Sie **fühlte sich** besser, nachdem sie mit ihrer besten Freundin gesprochen hatte.*
Let's **meet** in front of the cinema.	***Treffen** wir **uns** vor dem Kino.*
Do you **remember** our trip to Aberdeen?	***Erinnerst** du **dich** an unsere Reise nach Aberdeen?*
The strange Scot **sat down**.	*Der merkwürdige Schotte **setzte sich**.*
I **wonder** what's wrong with her.	*Ich **frage mich**, was mit ihr los ist.*

Verstärkender Gebrauch

Mit den Reflexivpronomen kann man betonen, dass jemand etwas selbst tut. Im Deutschen steht „selbst", „selber" oder „allein".

Beispiele:

I can't help you. Do it **yourselves**!	*Ich kann euch nicht helfen. Macht es **allein/selber**!*
Peter met the Queen **herself**.	*Peter traf die Königin **höchstpersönlich**.*

2 Adjektive

Adjektive als Substantive

Regel: Adjektive können als Substantiv zusammen mit dem bestimmten Artikel *the* verwendet werden, um eine allgemeine Aussage über eine Gruppe von Menschen zu machen.

Achtung: Obwohl keine Pluralendung steht, muss die dazugehörige Verbform im Plural stehen.

Beispiele:	
the + Adjektiv	**The rich** do not care about poor people's problems. *Den Reichen (= allen reichen Leuten) sind die Probleme der Armen egal.*
	The blind need our help. *Die Blinden (= blinde Menschen) brauchen unsere Hilfe.*

Adjektive nach bestimmten Verben

Regeln:
• Nach Verben, die einen Zustand oder eine Eigenschaft beschreiben, stehen Adjektive, keine Adverbien.

Beispiele:	
be	He **was** too **clever** to be seen.
seem	Everything **seemed** so **sad** to Pete.
stay	Katie **stayed calm** when Mark left her.
feel	I **feel good**.

- Dies gilt auch für die Verben *to get* bzw. *to become* („werden").

Beispiele:

| become | Smartphones **have become** very **popular**. |
| get | The teacher **got angry**. |

3

- Auch nach Verben der Sinneswahrnehmung stehen Adjektive.

Beispiele:

look	The house over there **looks beautiful**.
smell	The chicken curry **smells fine**.
sound	That **sounds difficult**.
taste	The cake **tastes wonderful**.

Achtung: Soll eine Handlung ausgedrückt werden, benötigst du das Adverb.

Beispiele:
Look carefully before you cross the street.

3 Modale Hilfsverben und ihre Ersatzformen

Can, be able to und *be allowed to*

Can hat die Bedeutungen „können" und „dürfen". Es kann nur im Präsens stehen. Die Vergangenheitsform ist *could*. Für andere Zeiten müssen Ersatzformen verwendet werden: für „können" *to be able to*, für „dürfen" *to be allowed to*.

Beispiele:

Zeit	Fähigkeit: *to be able to*	Erlaubnis: *to be allowed to*
present tense	Mark is five years old. He **cannot** write his name = **is not able to** write his name.	Debbie and Sarah **can** watch TV late at night = **are allowed to** watch TV late at night.
present perfect	We **haven't been able to** speak to our tutor yet.	He **has been allowed to** stay up late today.
past tense	I was so busy. I **couldn't** phone you = I **was not able to** phone you.	Jill **couldn't** go to the party (her dad didn't like the idea) = Jill **wasn't allowed to** go.
will future	You **will be able to** understand English texts.	When you're older, you **will be allowed to** drive a car.

Must und *have to*

Auch das modale Hilfsverb *must* („müssen") kann nur im simple present verwendet werden. In allen anderen Zeiten musst du die Ersatzform *to have to* verwenden.

Beispiele:

present tense	You are ill. You **must** stay in bed. Tom and Robert **have to** apologize.
present perfect	She **has had** to do some exercises.
past tense	Laura **had to** be there at 5 o'clock.
will future	You **will have to** work harder!

Needn't und not have to

Mit *needn't* bzw. *not have to* wird ausgedrückt, dass **keine Notwendigkeit** (mehr) besteht. *Needn't* kommt nur im simple present vor. Alle anderen Zeiten müssen mit *not have to* gebildet werden.

Beispiele:	
present tense	You **needn't** bring your English books. You **don't have to** pay for it. It's free.
present perfect	He **has had to** deal with a lot of problems lately.
past tense	We **didn't have to** walk. There was a bus.
will future	You **won't have to** worry about me.

Achtung! Die Verneinung von *must* lautet *needn't* oder *not have to*. Wenn du *mustn't* schreibst, meinst du „nicht dürfen"!

Beispiele:	
You **needn't** go to school.	*Du **brauchst nicht** in die Schule zu gehen.*
You **mustn't** go to school.	*Du **darfst nicht** in die Schule gehen.*

Hinweis: *(Not) to have to* muss in **Fragen** und **Verneinungen** mit *don't/doesn't* bzw. *didn't* umschrieben werden:

Beispiele:	
Fragen	Verneinungen
Did she **have to** leave so soon?	You **don't have to** worry about that.

4   Zeiten

Past perfect

Das past perfect entspricht dem deutschen Plusquamperfekt, der sogenannten Vorvergangenheit.

Bildung

Das past perfect wird mit *had* + past participle gebildet. Die Form ist für alle Personen gleich.

- Bei regelmäßigen Verben hat das past participle die gleiche Form wie das past tense (Grundform + *-ed*).

Beispiele:	
move	Ten years ago they **had moved** to North Wales.
kill	They **had killed** all the buffaloes.

- Unregelmäßige Verben haben eigene Formen.

Beispiele:	
read	He **had read** the newspaper.
sink	The ship **had sunk** before it could be saved.

Bei der **Verneinung** wird *not* zwischen *had* und das past participle gesetzt.

Bei **Fragen** rückt *had* an den Satzanfang bzw. hinter das Fragewort.

Beispiele:	
Verneinung	Tom and Amy were sure they **hadn't done** anything wrong.
Fragen	**Had** she **known** the truth? When **had** you **found** out?

Gebrauch

Man benutzt das past perfect

• um vorzeitige Handlungen auszudrücken, also Vorgänge, die bereits beendet waren, als in der Vergangenheit eine andere Handlung begann. Die neue Handlung steht in der Regel im past tense. Die folgenden Signalwörter weisen auf diese Verwendung hin.

Beispiele:	
after	**After** they **had seen** the film at the cinema, they went to McDonald's.
before	Often the families from Pakistan **had had** a hard life **before** they came to Great Britain.
when	George **had talked** to the History teacher **when** Mrs Collins entered the room.
as soon as	**As soon as** he **had got** the news, he phoned his dad.
because	I couldn't get into the house because I **had forgotten** my keys.
until	Luke and Mark **had watched** TV **until** their parents came home.
already	Days before Michael started to think about it, Justin **had already worked** on the presentation.

Zeiten zur Wiedergabe der Zukunft

Simple present und present progressive

Neben dem going to future, das du für Pläne oder Absichten verwendest *(I am going to watch "Six Feet Under" tonight)* kannst du auch das simple present und present progressive benutzen, wenn es um zukünftige Ereignisse geht. Es muss dann allerdings eine eindeutige Zeitangabe dabeistehen.

Gebrauch

Das simple present kann mit einer entsprechenden adverbialen Bestimmung der Zeit verwendet werden, um fest arrangierte Vorgänge zu beschreiben, z. B. Fahrpläne oder Anfangszeiten von Veranstaltungen *("timetable future")*.

> **Beispiele:**
> The concert **starts** at 7.30 tomorrow evening.
> The flight to Chicago **is** at 9.15 on Tuesday.
> I **can't watch** TV on Friday. I have got piano lessons.

Mit dem present progressive kannst du darüber hinaus auch zukünftige Pläne und Verabredungen ausdrücken.

> **Beispiele:**
> **Are** you **coming** to Tracy's party on Saturday?
> I **am staying** at my aunt's house next month. You could come there, too.

Das will future zum Ausdruck von spontanen Entscheidungen

Das will future kann nicht nur zukünftige Ereignisse, die unabhängig von persönlichen Plänen sind, zum Ausdruck bringen, sondern auch spontane Hilfsangebote.

> **Beispiele:**
> I didn't understand a word of it! – Okay, **I'll translate** it for you. *(Okay, ich übersetze es für dich.)*
> Excuse me, I think I'm lost. – No problem. **I'll show** you how to get to the next tube station. *(Ich zeige Ihnen, wie Sie zur nächsten U-Bahn-Station kommen.)*

Das future perfect

Das future perfect entspricht im Deutschen dem Futur II.

Bildung

Das future perfect wird mit *will/won't have* und der dritten Form des Verbs (past participle) gebildet. Die Form ist für alle Personen gleich.

3

> **Beispiele:**
> John **will have gone** home by 7 o'clock. By then he **will have done** everything he had planned to do.

Bei der **Verneinung** setzt man *not* direkt hinter *will*.
Bei **Fragen** rückt will an die Satzspitze bzw. hinter das Fragewort.

Beispiele:	
Verneinung	You **won't have done** your work in time *(rechtzeitig)* if you go on like that.
Fragen	**Will** you **have finished** the essay by Monday?

Gebrauch

Du verwendest das future perfect für Handlungen, die in der Zukunft zu einem bestimmten Zeitpunkt abgeschlossen sein werden. Häufig deuten Zeitangaben daraufhin.

Beispiele:	
by tomorrow/ Tuesday *etc.*	I **will have corrected** your class test **by** next Friday.
before Christmas	I am sure Mark and Jenny **will have fallen in love before** the end of our holidays.

5   Das Passiv

Während in Aktivsätzen betont wird, wer etwas macht, steht bei Passivsätzen **die Handlung** selbst im Vordergrund. Man benutzt das Passiv, wenn
- man betonen möchte, was passiert ist,
- wenn es unwichtig ist bzw. man nicht genau weiß, wer etwas getan hat.

Bildung
Passivzeiten werden mit einer Form von *to be* + past participle gebildet. Die Form von *to be* zeigt dabei die Zeit an.

Verwendung
Die Zeitformen des Passiv werden nach denselben Regeln verwendet wie die aktiven Verbformen; es gelten dieselben Signalwörter.

Die Zeiten im Passiv

simple present (is/are …)	Many reasons **are given** for the bad result. *Viele Gründe für das schlechte Ergebnis werden genannt.*
past tense (was/were …)	They **were put** into prison yesterday. *Sie wurden gestern ins Gefängnis gesteckt.*
present perfect (has/have been …)	America **has been changed** by Barack Obama. *America ist durch Barack Obama verändert worden.*

past perfect (had been …)	The thieves **had** already **been arrested**. *Die Diebe waren schon verhaftet worden.*
will future (will be …)	Many years **will be needed** to change this situation. *Es wird viele Jahre dauern, um die Situation zu verbessern.*

3

Vom Aktiv zum Passiv: der by-agent

Wenn du einen Aktivsatz in einen Passivsatz verwandeln willst, musst du Subjekt und Objekt vertauschen: Das Objekt des Aktivsatzes wird zum Subjekt, das Subjekt des Aktivsatzes wird zum sogenannten by-agent. Er steht am Ende des Satzes.

Beispiele:

Aktiv	Subjekt		Objekt
	James Cameron	directed	the movie "Titanic".
Passiv	The movie "Titanic"	was directed	by James Cameron.
	Subjekt		**by-agent**

By-agents sind notwendig, wenn man den Verursacher konkret benennen kann (z. B. den Sprecher oder einen Autor). Nicht namentliche Ausdrücke wie *someone, people* oder Pronomen sind als by-agents unüblich.

Beispiele:

Aktivsatz	Passivsatz
Joanne K. Rowling wrote "Harry Potter".	"Harry Potter" was written **by Joanne K. Rowling**.
People left their houses after the earthquake.	Houses were left after the earthquake.
Someone has forgotten an umbrella on the train.	An umbrella has been forgotten on the train.

Die Übersetzung von *by*

Im Deutschen kann der Verursacher einer Handlung nicht nur durch die Präposition „von" ausgedrückt werden, sondern auch mithilfe von „durch", was manchmal besser klingt, vor allem, wenn es sich um „unbelebte" Verursacher handelt.

Aber Vorsicht – umgekehrt geht das nicht: Schreibe niemals *through*, wenn du im Passivsatz den Verursacher nennen willst!

Beispiele:

Mark's parents were informed **by** the tutor.	*Marks Eltern wurden **vom** Klassenlehrer informiert.*
The news was made public **by** the radio.	*Die Nachricht wurde **durch** das Radio öffentlich bekannt gemacht.*

Das Passiv bei Verben mit zwei Objekten

Bei Verben mit zwei Objekten (z. B. *to give, to send, to ask, to promise, to show* und *to tell*) gibt es zwei Möglichkeiten, einen Passivsatz zu bilden. Man kann entweder

- das indirekte oder
- das direkte Objekt

zum Subjekt des Passivsatzes machen.

Beispiele:			
Subjekt	**Prädikat**	**indirektes Objekt**	**direktes Objekt**
The teacher	gave	**Serena**	a book.
Serena	was given		a book.
A book	was given	**to Serena.**	

Soll betont werden, wer etwas erhält, muss das indirekte Objekt (= die Person) zum Subjekt werden. Man spricht dann vom **persönlichen Passiv**. Übersetzt wird meist mit „man" oder „jemand" + Aktiv: „Man/Jemand gab Sarah ein Buch." Es ist die gebräuchlichere der beiden Passivarten. Wenn das Objekt betont werden soll, verwendest du die andere Variante: *A book was given to Serena* (also nicht jemand anderem).

6 Die indirekte Rede

Mit der indirekten Rede kannst du wiedergeben, was jemand sagt oder gesagt hat. Dabei ist zu beachten, zu welchem Zeitpunkt und aus welcher Sichtweise eine Äußerung in der indirekten Rede berichtet wird.

Unterschiede Englisch – Deutsch
Im Deutschen werden indirekte Äußerungen mit dem Konjunktiv ausgedrückt. Die englische Sprache verfügt über diese Möglichkeit nicht.

Beispiele:

direkte Rede	indirekte Rede
Diana: "You **mustn't believe** Bill." *Diana: „Du **darfst** Bill **nicht glauben**."*	Diana has told Bob that he **mustn't believe** Bill. *Diana hat Bob erzählt, dass er Bill **nicht glauben dürfe**.*
Jeff: "I **am** very tired." *Jeff: „Ich **bin** sehr müde."*	Jeff told Lisa that he **was** very tired. *Jeff sagte Lisa, er **sei** sehr müde.*

Hinweis: Da es sich bei der indirekten Aussage um eine notwendige Ergänzung handelt, steht vor *that* im Englischen kein Komma!

Stil

Achte darauf, indirekte Äußerungen nicht immer nur mit dem Verb *to say* einzuleiten. Verben wie *to advise, to ask, to answer, to inform, to promise, to reply, to report, to show* und *to tell* können viel ausdrucksstärker formulieren, wie eine Äußerung gemeint ist oder war.

Beispiele:

direkte Rede	indirekte Rede
Mrs McNamara: "I didn't tell you the truth."	Mrs McNamara **answered** that she hadn't told him the truth.
Joey: "Dad is never here when you need him."	Joey **angrily replies** that his dad is never there when he needs him.

Regeln:

- Steht das **Verb im Einleitungssatz im simple present**, wird die indirekt wiedergegebene Äußerung **ohne** Veränderung der Zeit angehängt.

Beispiele:

direkte Rede	indirekte Rede
Bob: "Mr Jones **took** the wrong train."	Bob **says** that Mr Jones **took** the wrong train.

- Wenn das einleitende Verb in der Vergangenheit steht (*she said, Sam told me* etc.), kommt es zu einer **Verschiebung der Zeiten** im Folgesatz.

Beispiele:

direkte Rede	indirekte Rede
simple present: Tom: "I **come** home." →	**simple past:** Tom **said** that he **came** home.
present perfect: Tom: "I **have come** home." **past tense:** Tom: "I **came** home." → **past perfect:** Tom: "I **had come** home."	**past perfect:** Tom **said** that he **had come** home.
will/can: Tom: "I **will/can come** home." →	**would/could:** Tom **said** that he **would/could come** home.

Hinweis: Das past perfect der direkten Rede bleibt in der indirekten Rede unverändert, da es nicht weiter in die Vorvergangenheit verschoben werden kann.

Achtung: Beim **going to future** ist die Präsensform von *to be* entscheidend: Die indirekte Form von *am/is/are going to* ist also *was/were going to*.

Beispiele:	
direkte Rede	**indirekte Rede**
Vicky: "**I am going to send** him an e-mail."	Vicky **said** she **was going to send** him an e-mail.

Zeitverschiebung bei den progressive-Zeiten
Die progressive-Zeiten werden entsprechend den Regeln der einfachen Zeiten (siehe S. 113) in die Vergangenheit verschoben.

Beispiele:	
direkte Rede	**indirekte Rede**
Ben: "We **are watching** football."	Ben told him that they **were watching** football.
Jack: "I **have been learning** my vocabulary for an hour."	Jack answered that he **had been learning** his vocabulary for an hour.
Juliet: "We **were** only **doing** our best."	Juliet informed me that they **had** only **been doing** their best.
Marsha: "I **had been going out** with him for a year."	Marsha replied that she **had been going out** with him for a year.

3

Modale Hilfsverben

Auch einige Modalverben müssen nach einem Einführungs-
verb in der Vergangenheit in der indirekten Rede verändert
werden.

Can und *may*

Can wird in der indirekten Rede mit Zeitverschiebung
durch *could* ersetzt, für *may* tritt *might* ein.

Beispiele:	
direkte Rede	**indirekte Rede**
Sarah: "**Can** you come to my party on Saturday? You **may** also bring along some friends."	Sarah asked whether I **could** come to her party on Saturday. She told me that I **might** also bring along some friends.

Must und *needn't*

Bei *must* und *needn't* werden bei Zeitverschiebung die Er-
satzformen *have to* bzw. *not have to* herangezogen.

Beispiele:	
direkte Rede	**indirekte Rede**
Tina: "You **must** tell him that I love him."	Tina said that I **had to** tell him that she loved him.
Fiona: "I **needn't** tell him because he already knows that."	Fiona said that she **didn't have to** tell him because he already knew that.

Could, should, would, might

Die Modalverben *could*, *should*, *would* und *might* bleiben in
der indirekten Rede unverändert.

Fragen

Bei Fragen in der indirekten Rede verändert sich die Satzstellung.

Regeln:

- Bei **Fragen mit Fragewort** übernimmst du das Fragewort in die indirekte Frage. Die Wortstellung ist dieselbe wie in Aussagesätzen.

Beispiele:

direkte Rede	indirekte Rede
Debbie: "How old are you?"	Debbie wanted to know **how** old I was.
Mum: "**When** will you be home?"	Mum asked **when** I would be home.

- Bei **Entscheidungsfragen**, die kein Fragewort haben, muss if oder *whether* („ob") stehen. Die Wortstellung ist dieselbe wie in Aussagesätzen.

Beispiele:

direkte Rede	indirekte Rede
Kevin: "Is there anybody at home?" *Kevin: „Ist jemand zu Hause?"*	Kevin asked **whether** there was anybody at home. *Kevin fragte, ob jemand zu Hause sei.*
Susan: "Can you give me a lift?" *Susan: „Kannst du mich mitnehmen?"*	Susan asked Scott **if** he could give her a lift. *Susan fragte Scott, ob er sie mitnehmen könne.*

Aufforderungen

Regeln:
- Bei Aufforderungen und Anweisungen wird aus der Befehlsform eine Infinitivkonstruktion mit *to*.
- In der Verneinung setzt man *not* direkt vor *to*.
- Verwendet werden können im Einführungssatz die Verben *to tell, to warn, to ask* oder *to remind*.

Beispiele:	
direkte Rede	**indirekte Rede**
The teacher: "**Stop** talking!" *Der Lehrer: „Hört auf zu reden!"*	The teacher **told** us **to stop** talking. *Der Lehrer forderte uns auf, mit dem Reden aufzuhören.*
Bob to his little sister: "**Don't do** that again!" *Bob zu seiner kleinen Schwester: „Mach das nicht nochmal!"*	Bob **warned** his little sister **not to do** that again. *Bob warnte seine kleine Schwester, das nicht nochmal zu tun.*

Orts- und Zeitangaben

Regel: Orts- und Zeitangaben müssen verändert werden, wenn sich der Blickwinkel auf einen Ort oder einen Zeitpunkt bis zum Zeitpunkt der Wiedergabe verschoben hat.

Ortsangaben

direkte Rede	**indirekte Rede**
here in this town at these places	there in that town at those places

Zeitangaben

Beispiele:	
direkte Rede	**indirekte Rede**
today tonight this week/month now at the moment	that day that night that week/month then at that moment
yesterday last night/week two … days/weeks ago	the day before the night/the week before two … days/weeks before
tomorrow next week	the following day the following week

Hinweis: Ersetze nicht einfach kritiklos, sondern überlege zuerst, wann und wo gesprochen wird: Wenn du am Abend sagen willst, dass dir jemand am Morgen sagte: *I'll see you **here tomorrow***, sagst du: *He said he would see me **here tomorrow***. Berichtest du die Aussage aber an einem späteren Tag, zu dem das Geschehen schon vergangen ist, und an einem anderen Ort, sagst du logischerweise: *He said he would see me **there the following day***.

7   *If*-Sätze

If-Sätze bestehen aus einem Haupt- und einem Nebensatz. Im Nebensatz wird mit *if* eine Bedingung formuliert, die erfüllbar oder unerfüllbar sein kann.
Es gibt – je nach Erfüllbarkeit der Bedingung – drei unterschiedliche Typen.

Typ I

Die **Bedingung** bezieht sich auf die **Gegenwart** oder die **Zukunft** und ist somit prinzipiell **erfüllbar**.

Regel: Bei diesem Typ des Bedingungssatzes steht der *if*-Satz im simple present. Beim Hauptsatz verwendest du das will future: Er drückt eine Folge für die Zukunft aus, die eintritt, wenn die Bedingung erfüllt ist.

3

Beispiele:	
direkte Rede	indirekte Rede
if-Satz: simple present	**Hauptsatz: will future**
If it **rains**,	we **will stay** at home.
If he **tells** Robert about their trick,	Nick and Miriam **will get** into trouble.

Typ II

Die im *if*-Satz formulierte **Bedingung** bezieht sich auf die **Gegenwart** oder **Zukunft** und ist somit in aller Regel prinzipiell **möglich**, doch ziemlich **unwahrscheinlich**.

Regel: Der *if*-Satz steht im past tense, im Hauptsatz verwendet man das conditional (*would/could* + Infinitiv).

Beispiele:	
direkte Rede	indirekte Rede
if-Satz: past tense	**Hauptsatz: conditional**
If I **won** a lot of money,	I **would travel** around the world.
If I **met** Barack Obama,	I **could ask** him about life in the White House.

Typ III

Während sich die *if*-Sätze Typ I und II auf die Zukunft beziehen, blicken *if*-Sätze des Typs III auf die **Vergangenheit** zurück: Das Ergebnis einer Handlung ist schon bekannt und kann nicht mehr verändert werden, die **Bedingung** ist also **unerfüllbar geblieben**.

Regel: Der *if*-Satz steht im past perfect (*had* + past participle). Im Hauptsatz folgt das conditional perfect (*would*/*could* + *have* + past participle).

Beispiele:	
if-Satz: **past perfect**	**Hauptsatz: conditional perfect**
If I **hadn't fallen** in love with Jamie,	I **would have tried** to help her.
If Ben **had not seen** her kissing Michael,	he **wouldn't have believed** it.

Überblick

Hier findest du noch einmal alle drei *if*-Satz-Typen auf einen Blick zusammengestellt.

Beispiele:		
	Hauptsatz	**Nebensatz**
Typ I	**simple present**	**will future**
	If we go to London,	we'll visit the Queen.
Typ II	**past tense**	**conditional**
	If we went to London,	we would visit the Queen.

Typ III	past perfect	conditional perfect
	If we had gone to London,	we would have visited the Queen.

Achtung:
- In einem *if*-Satz darf **niemals** *will* **oder** *would* stehen! Das gilt für alle *if*-Satz-Typen!
- Bei den Kurzformen musst du aufpassen: '*d* kann sowohl die Kurzform von *had* als auch von *would* sein.

3

> **Beispiele:**
> I**'d have** bought the book if you**'d told** me to.
> = **I would have** bought the book if you **had told** me to.
> *(Ich hätte das Buch gekauft, wenn du es mir gesagt hättest.)*

8   Relativsätze

Notwendige Relativsätze

Regeln:
- Notwendige Relativsätze geben Informationen, ohne die der Satz nicht verständlich wäre.
- Bei notwendigen Relativsätzen steht zwischen Haupt- und Relativsatz kein Komma!
- Es sollte auch keine Sprechpause entstehen. Damit wird verdeutlicht, dass der Relativsatz nicht vom Hauptsatz zu trennen ist.

> **Beispiele:**
> The book **which/that I like best** is "Harry Potter and the Philosophers' Stone".
> The teacher **who I hate most** is Mr Patterson.

Grundsätzlich kann das Relativpronomen Subjekt oder Objekt des Relativsatzes sein.

Relativpronomen als Subjekt des Relativsatzes

Personen und Dinge erfordern unterschiedliche Pronomen.

Regeln:

* Bei Personen nimmst du *who* oder *that*.
* *Which* oder *that* verwendest du, wenn sich der Relativsatz auf Dinge bezieht.

> **Beispiele:**
> Look! That's the girl **who/that** won the 200 metres.
> Oh no, it's dirty. This is the T-shirt **which/that** I wanted to wear tonight.

Relativpronomen als Objekt des Relativsatzes (contact clauses)

Wenn das Relativpronomen Objekt ist (man also mit „wem?" oder „wen oder was?" fragt), kann es weggelassen werden. Diese Sätze nennt man contact clauses, da sie direkt an das Bezugswort angehängt werden.

Beispiele:	
Relativsatz mit Relativpronomen	**contact clause**
That's **a song which I can't forget**.	That's **a song I can't forget**.
There's **the girl who I talked to** yesterday.	There's **the girl I talked to** yesterday.
We read **the book that he recommended**.	We read **the book he recommended**.

Hinweis: Auch bei contact clauses steht kein Komma zwischen Hauptsatz und Relativsatz.

Achtung: Das Relativpronomen darf nicht weggelassen werden, wenn es das Subjekt des Relativsatzes ist!

> **Beispiele:**
> This is the man **who** stole the car. (man = *Subjekt*)
> *aber:*
> This is the man (–) we saw at the cinema. (man = *Objekt*)
> (= This is the man **that** we saw at the cinema.)

Präpositionen im notwendigen Relativsatz

Regel: Bei Verben mit einer Präposition kann die Präposition an mehreren Stellen des Satzes stehen:
- entweder hinter dem Verb oder
- vor dem Relativpronomen (eher im schriftlichen Ausdruck). Dann dürfen nur *which* oder *whom (with which, to whom)* stehen.

> **Beispiele:**
> That's the town **which** I have told you **about**.
> Some of the girls **who** I was smiling **at** laughed.
> That's the town **about which** I have told you.
> Some of the girls **at whom** I was smiling laughed.

Im normalen Sprachgebrauch kannst du bei notwendigen Relativsätzen mit Präpositionen das Relativpronomen einfach weglassen, also einen contact clause bilden. Dann muss die Präposition am Ende stehen.

> **Beispiele:**
> That's the town I have told you **about**.
> Some of the girls I was smiling **at** laughed.

Relativsätze mit *whose*

Regeln:

- *Whose* drückt einen **Besitz** oder eine **Zugehörigkeit** aus.
- Es kann für Dinge und Personen verwendet werden.

> **Beispiel:**
> Prince Charles, **whose** wife Diana died in a car accident in 1997, will probably be the next king.

Achtung: Verwechsle nicht *whose* und *who's (= who is)*.

> **Beispiele:**
> I met a boy **whose** father is a doctor.
> *Ich lernte einen Jungen kennen, **dessen** Vater Arzt ist.*
> *aber:*
> I met a boy **who's** very intelligent.
> *Ich lernte einen Jungen kennen, **der** sehr intelligent **ist**.*

Online-Abschlusstest

In diesem Kapitel konntest du alle Grammatikthemen von Green Line 3 nachlesen.

Unter www.kompaktwissen.klettlerntraining.de kannst du nun überprüfen, wie sicher du den Stoff von Green Line 3 beherrschst.

3

Zu allen Themen von Green Line 3 erhältst du Tests mit Aufgaben. Wenn du sie bearbeitet hast, bekommst du am Ende der Tests eine Auswertung.

Willst du immer im Blick haben, welche Themen du schon kannst oder was du besser nochmals wiederholst? Dann übertrage deine Online-Ergebnisse unten in die Tabelle.

Viel Erfolg beim Online-Test!

Mein Ergebnis im Online-Test – Green Line 3

Thema	☒ Test gut bestanden	☒ will ich wiederholen
Das Passiv		
If-Sätze		
Die indirekte Rede		
Gemischte Übung zu den Zeiten		

Green **Line 4**

Green **Line** 4

6 Das gerund

7 Partizipien

8 Relativsätze

Online-Abschlusstest ⟶ S. 155

1 Adverbien

Die Stellung von Ort- und Zeitangaben

Adverbien, Orts- und Zeitangaben können nur an bestimmten festgelegten Stellen des Satzes stehen, die die grundsätzliche Wortstellung von Subjekt – Verb – Objekt jedoch nicht verändern.

Regeln:

- **Adverbien der Art und Weise** stehen meist in Endposition im Satz, also hinter dem Verb, können aber auch am Satzanfang stehen.

Beispiele:
Mark looked back **secretly**.
He spoke English **well**.
Silently she looked at him.

- **Adverbien des Ortes und der Zeit** wie *here, everywhere, now, soon, tomorrow* stehen normalerweise in Endposition, können aber auch am Anfang stehen, wenn sie stärker betont werden sollen.

Beispiele:
They couldn't find him although they had looked
everywhere.
I lost my bag **last Sunday**.
He usually reads the paper in the morning. But **yesterday** he read it in the afternoon.

- **Häufigkeitsadverbien** wie *often, already, always, sometimes, ever* und *never* stehen vor dem Vollverb in Mittelposition oder nach dem ersten Hilfsverb.

Beispiele:
We **never** believed him.
Tracy has **always** wanted to go to New York.

Achtung: Ist das Vollverb eine Form von *to be*, steht das Adverb danach.

Beispiel:
My tutor is **often** strange.

4

Grad- und Satzadverbien
- **Gradadverbien** wie *nearly, rather, really, completely, extremely* sowie *quite* und *very* verstärken ein Verb oder schwächen es ab. Sie stehen meist unmittelbar vor dem Verb oder Adjektiv, das sie näher bestimmen; bei einer Vollverbform von *to be* danach. Um Gradadverbien besonders zu betonen, kannst du manche auch ans Satzende stellen.

Beispiele:
Ben has **nearly** lost his father in the crowd.
The neighbourhood is **really** nice.
Mike has got the whole film on his computer because he downloaded it **completely**.

- **Satzadverbien** bestimmen nicht nur das Verb näher, sondern den ganzen Satz. Sie stehen daher zu Beginn des Satzes. Zu ihnen zählen z. B. *luckily, unfortunately, of course, naturally, obviously* und *perhaps*.

Beispiele:
Of course Bill could have come.
Unfortunately they were running out of time.
Obviously the British like tea.

Die Reihenfolge adverbialer Bestimmungen im Satz

Treffen Adverbien oder adverbiale Bestimmungen des Ortes und der Zeit am Ende aufeinander, gilt die Regel: <u>Ort</u> **vor Zeit** *(place before time)*.

> **Beispiele:**
> There was a peace conference <u>in New York</u> **last Monday**.
> I went <u>home</u> **at three o'clock**.
> Did you see her <u>in school</u> **yesterday morning**?

Wenn die Handlung noch durch ein Adverb der Art und Weise ergänzt wird, gilt die Reihenfolge **Art und Weise – Ort – Zeit** *(manner – place – time)*.

Beispiele:				
Sub-jekt	Verb	Art und Weise	Ort	Zeit
Tim	goes	secretly	to the party	at the weekend.
She	swam	well	at the competition	yesterday.
Lisa	acted	brilliantly	in "A Mid-summer-night's Dream"	last year.

2 Verben

Modale Hilfsverben mit dem Infinitiv Perfekt

Regeln:
- Modale Hilfsverben werden generell mit dem Infinitiv ohne *to* verwendet.
- Möchtest du sagen, was in der **Vergangenheit** hätte geschehen **können**, **sollen** oder **müssen**, nimmst du ein Modalverb + Infinitiv Perfekt.
- Die Perfektform des Infinitivs wird gebildet aus *have* + *past participle*.

4

Beispiele:	
You **needn't have worried** about me.	*Ihr hättet euch nicht um mich sorgen müssen.*
Serena **could have done** better.	*Serena hätte besser abschneiden können.*
They **might have taken** him to the doctor earlier.	*Sie hätten ihn vielleicht eher zum Arzt bringen können.*

Im Deutschen gibst du diese Konstruktion am besten mit „hätte … sollen" oder „hätte vielleicht … können" wieder.

Verben mit Objekt und Adjektiv

Auf Verben wie *to call, to find, to see, to like* und *to keep* kann ein Objekt und ein Adjektiv folgen, das das Objekt näher bestimmt.

Beispiele:
I like **my curry hot**.
Nasreen finds **New York too big**.
Ice will help to keep **the drinks cold**.

3   Zeiten

Das present perfect progressive

Du hast bereits das present perfect simple kennenge-lernt, mit dem du sagen kannst, dass ein Ereignis in der Vergangenheit stattgefunden hat, aber in der Gegenwart noch von Bedeutung ist: *My brother has cooked dinner* → das Abend-essen ist nun fertig und kann gegessen werden.
Das perfect perfect progressive ist die Verlaufsform.

Bildung

Das present perfect progressive wird mit einer Form von *have* + *been* + *-ing*-Form des Verbs (present participle) ge-bildet.

> **Beispiele:**
> Cathy **has been planning** this trip for years.
> It **has been raining** since the beginning of our holidays.

Bei der **Verneinung** wird *not* direkt hinter die Form von *have* gesetzt.
Bei **Fragen** rückt die Form von *have* an die Satzspitze bzw. steht nach dem Fragewort. Danach folgt das Subjekt + *been* + present participle.

Beispiele:	
Verneinung	I **haven't been doing** all this work for nothing!
Fragen	Who **have** you **been talking** to all the time on the phone?

Gebrauch

Man benutzt das present perfect progressive für Handlungen,

- die irgendwann in der Vergangenheit angefangen haben und noch andauern oder
- deren Auswirkungen bis in die Gegenwart reichen.
- Gegenüber dem einfachen present perfect betont das present perfect progressive die **Dauer einer Handlung**.

4

Beispiel:	
It has been raining for ten days now.	*Es regnet schon seit zehn Tagen.*

Present perfect oder present perfect progressive?

Es gibt nur minimale Bedeutungsunterschiede zwischen den beiden Zeiten.

- Wird ein Zustand beschrieben, wird eher das einfache present perfect benutzt. Soll eine Handlung hervorgehoben werden, ist das progressive eher anzutreffen.
- Bei Verben wie *to live, to learn, to play, to work, to wait* und *to watch* steht ebenfalls eher die Verlaufsform.
- Im Deutschen kann die Dauer, die im progressive ausgedrückt ist, durch „schon" wiedergegeben werden.

Beispiel:	
Scott has been playing the guitar since his 7th birthday.	*Scott spielt schon seit seinem siebten Geburtstag Gitarre.*

For und *since* beim present perfect progressive

Insbesondere *for* und *since* dienen als Signalwörter für das present perfect progressive.

Beispiele:

for	I have been looking for shoes like that **for** weeks.
since	He has been going out with Myra **since** Kevin's party.

For bezieht sich auf einen **Zeitraum**, *since* auf einen **Zeitpunkt**. Im present perfect progressive werden *since* und *for* in der Regel mit „seit" übersetzt.

Achtung! Wird mit *since* eine weitere Handlungen eingeführt, so wird das present perfect progressive mit der Handlung verwendet, die noch andauert. Die abgeschlossene Handlung steht meist im simple past.

Beispiel:

present perfect progressive	simple past
Emilio **has been living** in California	**since** his parents **came** to the USA as illegal immigrants. *(Die Einwanderung der Eltern liegt in der Vergangenheit, doch der Sohn lebt immer noch in Kalifornien.)*

Das past perfect progressive

Du kennst bereits das past perfect simple, mit dem man ausdrückt, dass ein Ereignis vor einem anderen stattgefunden hat: *When I arrived, the others had already eaten dinner.* Das past perfect progressive ist die Verlaufsform.

Bildung

Das past perfect progressive wird mit *had* + *been* + *-ing*-Form des Verbs (present participle) gebildet. Die Form ist für alle Personen gleich.

> **Beispiele:**
> Mark **had been practising** for the concert for weeks.
> The fans **had been waiting** for many hours before the match began.

4

Bei der **Verneinung** steht *not* unmittelbar nach *had*.
Bei **Fragen** rückt *had* an die Satzspitze bzw. steht nach dem Fragewort.

> **Beispiele:**
>
> | Verneinung | They **hadn't been listening** to him. Now they were in danger. |
> |---|---|
> | Fragen | **Had** they **been talking** about John's suggestion that long? |

Gebrauch

Du nimmst das past perfect progressive für Handlungen, die irgendwann in der Vorvergangenheit angefangen hatten und in der Vergangenheit noch andauerten. Dabei wird die **Dauer der Handlung** betont. Signalwörter sind *for, since, the whole day, all morning* etc.

> **Beispiele:**
> I **had been listening** to my CDs **for** more than an hour when my father told me to turn off the music.
> Carlos **had been reading** "Harry Potter" **since** the early evening until his mom told him to go to bed.
> I **had been dreaming all morning** in bed when my mother told me to get up.

Hinweis: *For* bezieht sich auf einen Zeitraum, *since* auf einen **Zeitpunkt**. Im past perfect progressive kann *for* – je nach Zusammenhang – mit „… lang" übersetzt werden.

Beispiel:	
Adam had been living in Los Angeles for ten years.	*Adam hatte zehn Jahre lang in Los Angeles gelebt.*

Past perfect oder past perfect progressive?
Beide Zeiten drücken eine Vorzeitigkeit aus. Beim einfachen past perfect ist die Handlung zu einem bestimmten Zeitpunkt in der Vergangenheit bereits abgeschlossen, während sie im past perfect progressive noch andauert.

Beispiele:	
past perfect	**past perfect progressive**
They **had waited** an hour, but when we arrived, they had left. *Sie hatten eine Stunde lang gewartet, aber als wir kamen, waren sie gegangen (= sie warteten nicht mehr, als wir kamen).*	They **had been waiting** for an hour when we arrived. *Sie hatten schon eine Stunde lang gewartet, als wir kamen (= sie warteten noch, als wir endlich kamen).*

4   Das Passiv

Der Infinitiv des Passivs

Regeln:
* Der Infinitiv Passiv wird mit *be* + past participle gebildet:
  create → *be created*.
* Er kann mit oder ohne *to* verwendet werden.

Der Infinitiv Passiv mit *to*

Nach Verben wie *to hope, would like, to expect, to seem* und *to have* muss der Infinitiv des Passivs mit *to* stehen.

> **Beispiele:**
> Some girls hope **to be discovered** as a model.
> Wouldn't you like **to be told** the truth?
> It has to be said: I expect **to be invited** to your party.

Der Infinitiv Passiv ohne *to*

4

Nach modalen Hilfsverben steht der Infinitiv Passiv ohne *to*.

> **Beispiele:**
> These problems can **be sorted** out easily.
> He might **be lost**.

Achtung! *Ought to* ist das einzige Modalverb, das immer einen Infinitiv mit *to* nach sich zieht.

> **Beispiel:**
> He **ought to** show his feelings.

Das passive progressive

Auch das Passiv kann in der Verlaufsform stehen. Es gibt zwei progressive forms: das present progressive passive und das past progressive passive.

Bildung

Die Verlaufsformen im Passiv werden mit einer Form von *to be* + *being* + past participle gebildet. Die Form von *to be* zeigt die jeweilige Zeit an.

Beispiele:

present progressive (is/are being ...)	The man **is being interviewed** at the moment. *Der Mann wird gerade befragt.*
past progressive (was/were being ...)	The thieves **were being held** in prison for several hours. *Die Diebe wurden mehrere Stunden im Gefängnis festgehalten.*

Gebrauch

Die passive-progressive-Zeiten werden wie die aktiven Zeiten verwendet: Das present progressive passive beschreibt Vorgänge, die gerade ablaufen und noch nicht abgeschlossen sind, das past progressive passive Vorgänge, die in der Vergangenheit gerade passierten und noch nicht abgeschlossen waren. Häufig stehen Zeitangaben, die eine gewisse Dauer andeuten, z. B. *just, while, during the 1960s, at the moment*.

Das Passiv bei Verben mit Präpositionen

Regel: Verben mit Präpositionen stehen im Aktivsatz in einer engen Verbindung. Auch wenn du einen Satz ins Passiv setzt und den by-agent verwendest, bleiben Verb und Präposition zusammen.

Beispiele:

Aktiv	Passiv
Michael and Josh **talk about** the new James Bond film.	The new James Bond film **is talked about** by Michael and Josh.
Someone **found out** Emma's mistake.	Emma's mistake was **found out**.

Am besten übersetzt du mit „man", wenn es keinen by-agent gibt:

Beispiel:	
Some people **make fun of** my German accent.	My German accent **is made fun of.** *Man macht sich über meinen deutschen Akzent lustig.*

5 Der Infinitiv

Der Infinitiv ist die Grundform des Verbs. Er steht nach bestimmten Verben, Adjektiven und Konstruktionen mit oder ohne *to*. Ohne *to* steht er vor allem nach modalen Hilfsverben: *You should try this.*

Der Infinitiv mit *to*

Der Infinitiv mit *to* nach bestimmten Verben
Regeln: Der Infinitiv mit *to* steht nach
• Verben, die Gefühle ausdrücken, z. B. *to like, to love, to hate,* sowie
• den Verben *to choose, to decide, to forget, to hope, to learn, to manage, to offer, to plan, to promise, to seem* und *to try.*

Beispiele:
I **like to sit** in the sun and relax. Mary **chose to forget** what Brett had done to her. Harry **has decided to take part** in the experiment. They **plan to go** to New York in their summer holidays. Mark **had promised to continue** learning Spanish.

Der Infinitiv mit *to* nach Adjektiven

Nicht nur nach Verben, auch nach Adjektiven kann der Infinitiv mit *to* stehen.

> **Beispiele:**
> It's **hard to forgive** him.
> Dave found it **difficult to know** what was right.
> Shirley thought it was **easy to do** the Maths exercises.

Der Infinitiv mit *to* nach Verb und Objekt

Regeln:
- Verben wie *to advise, to allow, to ask, to expect, to help, to invite, to prefer, to remind, to teach, to tell, to want* und *to warn* drücken eine **Bitte**, eine **Aufforderung** oder einen **Rat** an eine Person aus.
- Möchtest du sagen, dass diese Person etwas anderes tun soll, kannst du dies mit der Konstruktion Verb + Objekt + *to* + Infinitiv tun.

Beispiele:	
ask	She **asked me to stay** home tonight.
expect	Debbie didn't **expect her boyfriend to fall asleep** in front of the TV.
remind	Alex **reminded Gavin to be** there in time.
warn	Mr Clark **warned Tim not to be** so rude.

Achtung! Nach *would like/love* oder *to want* steht ebenfalls der Infinitiv. Bei der Konstruktion mit Objekt darf kein Satz mit *that* folgen!

> **Beispiele:**
> I**'d like** you **to help** me with the washing-up.
> Greg **wanted** his girlfriend **to be** nice to him.

Der Infinitiv mit *to* nach Fragewörtern

Nach Fragewörtern wie *when, where, what, who, how* und *whether* kann anstelle eines ausformulierten Nebensatzes auch der Infinitiv mit *to* stehen. In dieser Konstruktion ersetzt der Infinitiv ein Modalverb (*can, should* etc.).

Beispiele:	
Nebensatz	Fragewort + Infinitiv mit *to*
Sarah asked me **what she should do**.	Sarah asked me **what to do**.
I explained to him **how he could get** to the Statue of Liberty.	I explained to him **how to get** to the Statue of Liberty.

Im Deutschen gibt es diese Konstruktion nicht. Der Infinitiv muss mit einem Nebensatz und Modalverb (z. B. „können", „sollen") wiedergegeben werden.

Beispiel:	
Mrs Goodman tells her students **when to use** a dictionary.	*Mrs Goodman sagt ihren Schülern, wann sie ein Wörterbuch benutzen sollten.*

Der Infinitiv nach *the first, the last, the only* und Superlativen

Bei Konstruktionen mit Ausdrücken *the first, the last* oder Superlativen, z. B. *the best*, kannst du im Englischen einen Infinitiv setzen. Im Englischen kann auch ein Relativsatz stehen, im Deutschen muss er stehen.

Achtung: Nach *the only* muss entweder ein Substantiv oder das Stützwort *one/ones* stehen.

Beispiele:	
Relativsatz	**the … + Infinitiv mit *to***
He was **the last who left** the sinking ship.	He was **the last to leave** the sinking ship. *Er war der Letzte, der das sinkende Schiff verließ.*
Bob was **the first who disagreed** with Tiffany.	Bob was **the first to disagree** with Tiffany.
You are not **the only one who hates** homework.	You are not **the only one to hate** homework.

Der Infinitiv mit *to* nach bestimmten Substantiven

Regel: Nach Substantiven wie *chance, decision, freedom, plan, way, wish* kann der Infinitiv stehen.

Beispiele:	
chance	He had no **chance to get out** of that mess.
decision	Vicky's **decision to leave** was not wise.
plan	Her **plan to copy** the homework didn't work.

Achtung! Nach *possibility* steht das gerund, z. B.: *the possibility of taking.*

6   Das gerund

Aktiv- und Passivformen des gerund

Regel: Die Aktivform des gerund besteht aus dem Infinitiv + *-ing*. Die Passivform setzt sich aus *being* + past participle zusammen.

Beispiele:

Aktivform	I hate **learning** French. *Ich hasse es, Französisch zu lernen.*
Passivform	I can't stand **being told** lies. *Ich kann es nicht vertragen, wenn man mich anlügt.*

Das gerund als Subjekt und Objekt

Das gerund ist ein substantiviertes Verb. Das heißt, es ist eine Verbform, die viele Eigenschaften eines Substantivs aufweist. So kann es sowohl als Subjekt als auch als Objekt eines Satzes verwendet werden.

Das gerund als Subjekt
Regeln:
- Das gerund kann als Subjekt eines Satzes alleine stehen.
- Daneben kann es auch eine Ergänzung haben (z. B. ein Objekt oder eine adverbiale Bestimmung).

Beispiele:

Swimming is fun. **Learning languages** is quite difficult. **Travelling to London** is very expensive.	*Schwimmen macht Spaß.* *Sprachenlernen ist ganz schön schwierig.* *Nach London zu reisen ist sehr teuer.*

Das gerund als Objekt
Regeln:
- Das gerund kann auch als Objekt nach Verben, die eine **Vorliebe** oder **Abneigung** ausdrücken, verwendet werden, z. B. *to enjoy, to love, to like, to hate* oder *can't stand.*

- Ebenfalls kann es nach *to finish, to imagine, to keep, (not) to mind, to miss, to risk, to start* und *to stop* stehen.

Beispiele:

Mike **enjoys surfing**.	*Mike surft gern.*
Most girls **like talking to a friend** on the phone for hours.	*Die meisten Mädchen telefonieren gern stundenlang mit einer Freundin.*
I don't **mind staying at home** this evening.	*Ich habe nichts dagegen, heute Abend zu Hause zu bleiben.*
I've just **finished doing** my homework.	*Ich bin gerade mit den Hausaufgaben fertig geworden.*
I can't **imagine living** without you.	*Ich kann mir nicht vorstellen, ohne dich zu leben.*
Keep going!	*Mach weiter!*

Übersetzung

Oft hast du mehrere Übersetzungsmöglichkeiten. Du kannst das gerund als Infinitiv oder als Substantiv übersetzen. Häufig klingt im Deutschen der Nominalstil eleganter.

Beispiele:

The Mexicans **are tired of living** under miserable conditions.

als Infinitiv	als Substantiv
*Die Mexikaner **haben es satt**, in ärmlichen Verhältnissen **zu leben**.*	*Die Mexikaner **haben das Leben** in elenden Verhältnissen **satt**.*

Regel: Am häufigsten folgt das gerund auf Präpositionen in bestimmten sprachlichen Konstruktionen:

- **Adjektiv + Präposition + gerund:** *to be afraid of, to be crazy about, to be famous for, to be good/bad at, to be interested in, to be sorry for, to be tired/sick of, to be used to* und *to be worried about.*

Beispiele:

Mr O'Brian **is good at teaching** English.	*Mr O'Brian unterrichtet Englisch gut.*
Dad, **I'm sorry for causing** you trouble! – Shut up! I'm **sick of having** to remind you of your homework every day.	*Dad, es tut mir leid, dass ich dir Ärger mache! – Sei still! Ich bin es leid, dich jeden Tag an deine Hausaufgaben zu erinnern.*
Don't **be worried about leaving** the window open. It won't rain.	*Mach dir keine Gedanken darüber, das Fenster offenzulassen. Es wird nicht regnen.*

- **Verb + Präposition + gerund:** *to care about, to dream of, to feel like, to look forward to, to talk about, to think of* und *to worry about.*

Beispiele:

Mary didn't **care about being** late.	*Mary war es egal, zu spät zu kommen.*
Sam **felt like** going for a walk.	*Sam hatte Lust, einen Spaziergang zu machen.*
Mrs Jones was **looking forward to inviting** some friends.	*Mrs Jones freute sich darauf, einige Freunde einzuladen.*

Gerund oder Infinitiv?

Einige Verben wie *to love, to like, to hate, to prefer, to begin* und *to start* können ohne Bedeutungsunterschied sowohl **mit Infinitiv** als auch **mit gerund** stehen.

Beispiele:	
love	I **love to go** shopping. I **love going** to concerts.
start	Tess **started to prepare** the vocabulary test. Tess **started doing** her homework.

Bedeutungsunterschiede bei gerund und Infinitiv
Bei den folgenden Verben gibt es einen Unterschied in der Bedeutung, je nachdem, ob du Infinitiv oder gerund verwendest.

To stop
To stop + Infinitiv heißt, dass man mit etwas aufhört, um etwas anderes zu erledigen. *To stop* + gerund drückt aus, dass man aufhört, etwas zu tun.

Beispiele:	
Ben **stopped to work** on his presentation. *Ben hörte (z. B. mit Musikhören) auf, um an seiner Präsentation zu arbeiten.*	Ben **stopped working** on his presentation. *Ben hörte auf, an seiner Präsentation zu arbeiten.*

To go on
Das Gerund nach *to go on* beschreibt eine Handlung, die fortgeführt wird. Der Infinitiv drückt die Absicht aus, etwas Neues zu tun.

Beispiele:

First Olivia did Maths. Then she **went on to surf** on the Internet.
Zuerst machte Olivia Mathe. Dann ging sie dazu über, im Internet zu surfen.

Olivia **went on surfing** on the Internet until she had found what she was looking for.
Olivia surfte so lange im Internet, bis sie gefunden hatte, was sie suchte.

To remember

Bezieht sich *to remember* auf die Vergangenheit, folgt ein gerund. Soll aber an etwas in der Gegenwart oder Zukunft gedacht werden, brauchst du den Infinitiv mit *to*.

Beispiele:

Remember to buy a birthday present for Kate.
Denk daran, ein Geburtstagsgeschenk für Kate zu kaufen.

I **remember seeing** this film at the cinema some years ago.
Ich erinnere mich daran, diesen Film vor Jahren im Kino gesehen zu haben.

To forget

Mit dem gerund wird ein Bezug zur Vergangenheit hergestellt. Der Infinitiv weist auf eine Handlung, die noch bevorsteht.

Beispiele:

Don't **forget to bring** along some money.
Vergiss nicht, etwas Geld mitzunehmen.

Have you really **forgotten apologizing** to him?
Hast du wirklich vergessen, dich bei ihm zu entschuldigen?

To mean

Der Infinitiv nach *to mean* drückt aus, dass etwas beabsichtigt ist. Übersetze mit „wollen" oder „beabsichtigen". *To mean* mit gerund bezeichnet, dass etwas getan werden muss. Übersetze am besten mit „bedeuten".

Beispiele:	
I **meant to take** a taxi, but I couldn't find one. *Ich wollte ein Taxi nehmen, aber ich konnte keines finden.*	It was too late for taking a bus. That **meant going** by taxi. *Es war zu spät, um einen Bus zu nehmen. Das bedeutete, dass ich mit dem Taxi fahren musste.*

To try

To try + Infinitiv drückt aus, dass versucht wird, etwas zu tun. *To try* mit gerund bezeichnet, dass eine bestimmte Methode angewendet wird, um ein Ziel zu erreichen. Du übersetzt es am besten mit „Probier's mal mit …".

Beispiele:	
We **tried to reach** the top of the mountain, but the weather was against us. *Wir versuchten, den Gipfel des Berges zu erreichen, aber das Wetter war gegen uns.*	I didn't get anywhere on my own. Let's **try working** together. *Allein habe ich es nicht geschafft. Lasst uns probieren, zusammenzuarbeiten.*

7 Partizipien

Partizipien als Adjektive

Partizipien sind wie Infinitive unveränderliche Verbformen. Man unterscheidet zwischen dem present participle und dem past participle.

Das present participle

Das present participle ist eine **aktive** Verbform. Es wird gebildet aus der Grundform des Verbs + -*ing*. Man gebraucht es

- für die Bildung der progressive-Zeiten, z. B. *is/was going*, sowie
- als Adjektiv mit aktiver Bedeutung.

> **Beispiele:**
> Last summer I heard an **exciting** story.
> The story I read was **exciting**.

Das past participle

Das past participle ist eine **passive** Verbform. Sie wird gebildet aus der Grundform des Verbs + -*ed*. Unregelmäßige Verben haben eigene Formen. Man gebraucht es

- für die Bildung der perfect-Zeiten (z. B. present perfect: *has/have gone*) und für alle Passivformen (z. B. *The exercise was done*) sowie
- als Adjektiv mit passiver Bedeutung.

> **Beispiele:**
> It was an **unexpected** result.
> The result was **unexpected**.

4

Die Objekt + *-ing*-Form-Konstruktion

Mithilfe dieser Konstruktion kannst du etwas über das Verhalten anderer ausdrücken.

Regeln:

* Zwischen Verb und *-ing*-Form-Konstruktion schiebt sich ein Objekt. Dieses ist das Sinn-Subjekt der nachfolgenden *-ing*-Konstruktion.
* Pronomen erscheinen in der Regel in der Objektform *(me, him, them)*.
* Am besten übersetzt du diese Konstruktion mit einem „dass"- oder „wenn"-Satz.

Beispiele:	
Would you mind **me opening** the window?	*Haben Sie etwas dagegen, wenn ich das Fenster öffne?*
I am worried about **Dave not finding** us here.	*Ich mache mir Sorgen, ob Dave uns hier findet.*
Tina looks forward to **her dad coming back** from a long journey soon.	*Tina freut sich darauf, dass ihr Vater bald von einer langen Reise zurückkehrt.*

Pronomen können auch als Possessivbegleiter auftreten. Dies wirkt jedoch sehr förmlich.

Beispiel:
Would you mind **my** opening the window?

Sehr förmlich ist auch das Substantiv im *s*-Genitiv:

Beispiel:
I was worried about my mother**'s** changing her mind.

8 Relativsätze

Notwendige und nicht notwendige Relativsätze

Bei den Relativsätzen unterscheidet man
* **notwendige Relativsätze** (defining relative clauses) und
* **nicht-notwendige Relativsätze** (non-defining relative clauses).

Notwendige Relativsätze
Regeln:
* Notwendige Relativsätze geben Informationen, ohne die der Satz nicht verständlich wäre. Sie können nicht weggelassen werden.
* Bei notwendigen Relativsätzen steht im Englischen **kein Komma**! Es sollte auch keine Sprechpause entstehen.

> **Beispiele:**
> Christopher Columbus was the first **who discovered America**.
> Joey is one of those people **who always sees the positive side of life**.

Nicht-notwendige Relativsätze
Regeln:
* Nicht notwendige Relativsätze geben eine Zusatzinformation zur Hauptaussage. Man würde die Aussage auch ohne den Relativsatz verstehen, könnte ihn also auch weglassen.
* Nicht-notwendige Relativsätze werden zur Verdeutlichung, dass es sich um einen Einschub handelt, durch Kommas abgetrennt. Diese wirken auch als Sprechpause.

Beispiele:

Brad Pitt, **who is one of the highest-earning actors**, gets more than ten million dollars for his new film. We spent our holidays in Brighton, **which is at the seaside**.

Relativpronomen

Regeln:

- Die Relativpronomen für notwendige und nicht notwendige Relativsätze sind bis auf eine Ausnahme gleich: *who/that* für Personen, *which/that* für Dinge, *whose* für eine Zugehörigkeit zu Personen und Dingen.
  Achtung: *That* darf nur in notwendigen Relativsätzen stehen.

- In nicht-notwendigen Relativsätzen muss immer ein Relativpronomen stehen. Nur in notwendigen Relativsätzen kann es, wenn es das Objekt bezeichnet, weggelassen werden (contact clause).

Beispiele:

notwendiger Relativsatz	nicht-notwendiger Relativsatz
The town **which/that held the Olympic Games in 1972** is Munich.	Barack Obama, **who is the first African-American president**, was born in 1961.
This is the man **(who/that) I saw on TV talking to the president**.	Munich, **which I visited in 2011**, is the capital of Bavaria.

Online-Abschlusstest

In diesem Kapitel konntest du alle Grammatikthemen von Green Line 4 nachlesen.

Unter www.kompaktwissen.klettlerntraining.de kannst du nun überprüfen, wie sicher du den Stoff von Green Line 4 beherrschst.

Zu allen Themen von Green Line 4 erhältst du Tests mit Aufgaben. Wenn du sie bearbeitet hast, bekommst du am Ende der Tests eine Auswertung.

4

Willst du immer im Blick haben, welche Themen du schon kannst oder was du besser nochmals wiederholst? Dann übertrage deine Online-Ergebnisse unten in die Tabelle.

Viel Erfolg beim Online-Test!

Mein Ergebnis im Online-Test – Green Line 4

Thema	☒ Test gut bestanden	☒ will ich wiederholen
Infinitiv und gerund		
Relativsätze		
Die Stellung von Adverbien		
Gemischte Übung		

Green **Line 5**

Green **Line** 5

4 Das gerund

- Das gerund nach Substantiv + Präposition → S. 170
- Das gerund als adverbiale Bestimmung → S. 171

5 Hervorhebung

- Die Inversion → S. 172
- Die Hervorhebung mit *do* → S. 172
- Die Hervorhebung mit *it is/was* → S. 173
- *What*-Sätze → S. 174

Online-Abschlusstest → S. 175

1 Verben

Used to

Regeln:

- Du verwendest *used to* + Infinitiv, um auszudrücken, dass in der Vergangenheit ein bestimmter Zustand herrschte oder etwas Bestimmtes immer wieder geschah.
- Da es sich um etwas Vergangenes handelt, gibt es keine present-tense-Form, sondern nur die past-tense-Form *used to*.
- Fragen werden mit *did* + *use to* gebildet.
- Die Verneinung lautet *didn't use to* oder *never used to*.
- Im Deutschen wird *used* to häufig mit „früher" oder „damals" in Kombination mit „immer" bzw. „nie" übersetzt.

Beispiele:	
When I was younger, we **used to** spend our holidays in Italy.	*Als ich jünger war, fuhren wir immer nach Italien in den Urlaub.*
What **did** you **use to** play with, grandma?	*Mit was hast du früher immer gespielt, Oma?*
I **never used to** go to the disco when I was your age.	*Ich ging nie in die Disco, als ich in deinem Alter war.*

Englische Entsprechungen für das deutsche „lassen"

Das deutsche Wort „lassen" hat viele unterschiedliche Bedeutungen. Es kann sowohl „zulassen", „veranlassen" als auch „zurücklassen" oder „belassen" ausdrücken. Im Englischen jedoch musst du je nach Zusammenhang ein anderes Wort verwenden.

Let

Das Verb *let* bedeutet „zulassen" bzw. „jemandem etwas erlauben". Auf *let* folgt ein direktes Objekt und der Infinitiv ohne *to*.

Beispiele:		
let	**Objekt**	**Infinitiv ohne *to***
My parents **let** *Meine Eltern ließen*	me *mich*	stay up till midnight. *bis Mitternacht aufbleiben.*
My sister **let** *Meine Schwester erlaubte*	me *mir,*	wear her pair of jeans. *ihre Jeans zu tragen.*

Make

Make mit einem direkten Objekt und Infinitiv bedeutet „veranlassen" bzw. „jemanden dazu bringen oder zwingen, etwas zu tun".

Beispiele:		
make	**Objekt**	**Infinitiv ohne *to***
The police **made** *Die Polizei brachte*	the man *den Mann*	leave the school. *dazu, die Schule zu verlassen.*
The principal **made** *Der Rektor zwang*	Kevin *Kevin,*	apologize to Ben. *sich bei Ben zu entschuldigen.*

To have something done

Du verwendest die Konstruktion *to have* + direktes Objekt + past participle, um auszudrücken, dass man jemand anderen veranlasst, etwas zu tun.

Beispiele:

to have	Objekt	**past participle**
I **had**	my Maths results	checked.
Ich ließ	*meine Mathe-Ergebnisse*	*kontrollieren.*
They **have**	their lunch	delivered.
Sie lassen (sich)	*das Mittagessen*	*liefern.*

Achtung! Verwechsle diese Konstruktion nicht mit dem present perfect oder past perfect. Bei der normalen Zeitenbildung werden *have* und past participle nicht getrennt, bei *have something done* steht das Objekt dazwischen.

Beispiele:

to have something done	The president **had** his speech **written**. *Der Präsident ließ seine Rede schreiben.*
past perfect	The president **had written** his speech himself. *Der Präsident hatte seine Rede selbst geschrieben.*

Leave
Leave bedeutet „zurücklassen", „belassen" bzw. „etwas (so) sein lassen".

Beispiele:

I had **left** my workbook at home.	*Ich hatte mein Arbeitsheft zu Hause gelassen.*
They **left** the door open.	*Sie ließen die Tür offen.*
Leave it as it is!	*Lass es, wie es ist!*

Tätigkeitsverben und Zustandsverben

Längst nicht bei allen Verben ist es möglich, eine progressive form zu bilden. Grundsätzlich unterscheidet man
* **Tätigkeitsverben** *(dynamic verbs)*, die sowohl eine **simple form** als auch eine **progressive form** bilden können, und
* **Zustandsverben** *(stative verbs)*, die in der Regel **keine progressive Form** besitzen.

Tätigkeitsverben
Regeln:
Simple und progressive forms sind möglich
* bei Verben, die eine Tätigkeit beschreiben wie *to play, to write, to work* etc.,
* bei Verben, die einen Vorgang beschreiben wie *to become, to get, to grow* etc.

5

Beispiele:	
simple form	**progressive form**
Sam **works** very hard.	At the moment he **is working** on an English project.
Until now Susie's hair **has grown** very slowly.	Susie's hair **has been growing** for several months.

Zustandsverben
Regeln:
Normalerweise ist die progressive form nicht üblich bei
* Verben, die eine Sinneswahrnehmung ausdrücken: *to notice, to hear, to sound, to smell, to look* („aussehen"),
* Verben, mit denen du Wissen, Vermutungen oder Meinungen äußerst: *to believe, to know, to mean* („bedeuten"), *to realize, to seem, to think,*

- Verben, die eine Vorliebe oder Abneigung beschreiben bzw. einen Wunsch ausdrücken: *to like, to love, to want, to wish,*
- Verben, die einen Zustand, Besitz oder eine Zugehörigkeit beschreiben: *to be, to have, to belong* („gehören").

Beispiele:
I **hear** a strange sound.
Wendy **thought** it would be easier to do the exercises.
Josh **wants** to become a computer scientist.
This shop **belongs** to Mr Khan.

Verben mit statischen und dynamischen Bedeutungen
Einige wenige Zustandsverben können jedoch auch in einer dynamischen Bedeutung verwendet werden. Zu diesen gehören *to be, to have, to look, to mean, to love, to see* und *to think.*

Beispiele:

Zustand: simple form	Tätigkeit: progressive form
Thank God it's Friday! *sein*	Olivia **is being** very strange today. *sich verhalten*
The English book **has** four units. *haben*	She **was having** a bath (etc.) when the telephone rang. *gerade dabei sein*
Your sunglasses **look** great. *aussehen*	Ben **was looking** out of the window. *schauen*
What does that **mean**? *bedeuten*	He's **been meaning** to call her. *die Absicht haben*

164

Mya **loves** playing the piano. *mögen/lieben*	She **is loving** every single moment of the concert. *genießen*
He **saw** them together. *sehen*	**I'm seeing** her on Friday. *sich treffen mit*
I **think** Maths is pretty boring. *finden, denken*	**I'm thinking** whether I should go to the US next year. *überlegen*

2 Der Infinitiv

Der Infinitiv mit to nach for + (Pro-)Nomen

Regel: Nach *it is/was* + Adjektiv/Substantiv + *for* + Nomen oder Pronomen steht der Infinitiv mit *to*.

Beispiele:

It was **easy for** them **to follow** the lesson.	*Es war einfach für sie, der Stunde zu folgen.*
It will **impossible for** John **to solve** that problem.	*Es war unmöglich für John, das Problem zu lösen.*
It is no **problem for** me **to do** the right thing.	*Es ist kein Problem für mich, das Richtige zu tun.*

Hinweis: Im Deutschen kann man für diese Konstruktion auch einen dass-Satz verwenden.

Beispiel:

It is **important for** teenagers **to have** a room of their own.	*Es ist wichtig, dass Teenager ihr eigenes Zimmer haben.*

Der Infinitiv ohne *to* und das Partizip nach Verben der Wahrnehmung

Nach Verben der Wahrnehmung (z. B. *to feel, to hear, to see, to notice, to watch*) kann der Infinitiv ohne *to* oder ein Partizip stehen. Das Substantiv vor dem Infinitiv bzw. Partizip ist Objekt des übergeordneten Satzes und Subjekt des nachfolgenden Prädikats.

Der Infinitiv ohne *to*
Regeln:
* Der Infinitiv nach solchen Verben drückt aus, dass eine Handlung als Ganzes, vom Anfang bis zum Ende, wahrgenommen wird.
* Sehr häufig handelt es sich um Handlungen von kurzer Dauer.

Beispiele:	
I **saw him come**.	*Ich sah ihn kommen.*
Have you heard her enter the room?	*Hast du gehört, wie/dass sie den Raum betrat?*
Becky **noticed her classmates laugh** about her mistake.	*Becky bemerkte, dass ihre Klassenkameraden über ihren Fehler lachten.*

Das Partizip nach Verben der Wahrnehmung
Regeln:
* Das present participle nach einem Verb der Wahrnehmung beschreibt eine Handlung, die gerade noch läuft. Es entspricht der progressive form.
* Du verwendest es vor allem für Handlungen, die länger andauern.

Beispiele:

The children **heard their parents arguing** about money.	*Die Kinder hörten, wie ihre Eltern über Geld stritten.*
Harry **watches Sally copying** the German homework.	*Harry beobachtet, wie Sally gerade ihre Deutschhausaufgaben abschreibt.*

3 Das Partizip

Man unterscheidet zwischen dem present participle (z.B. *going, taking*) und dem past participle *(gone, taken)*. Das **present participle** ist eine **aktive Verbform**, das **past participle** steht bei der Bildung von **passiven** Konstruktionen. Sie können sowohl zur Bildung von Verbformen als auch als Adjektive verwendet werden.

Beispiele:

present participle *(Aktiv)*	past participle *(Passiv)*
Susie and Tanya are **dealing** with that problem.	Manchester United was **defeated** 0:3.
The **winning** team opened a bottle of wine.	Tina had difficulties with the text **written** in English.

Das Partizip anstelle eines notwendigen Relativsatzes

Partizipien können auch notwendige Relativsätze ersetzen, wenn das Relativpronomen Subjekt des Relativsatzes ist. Wie der Relativsatz wird auch die Partizipialkonstruktion nicht durch Komma abgetrennt.

Beispiele:	
notwendiger Relativsatz	**ersetzt durch Partizip**
I saw a man **who looked** like George Clooney.	I saw a man **looking** like George Clooney.
I saw the man **who had been** shot by the police.	I saw the man **shot** by the police.

Das Partizip zur Verbindung von Hauptsätzen

Sowohl das present participle als auch das past participle können dazu verwendet werden, zwei Hauptsätze elegant miteinander zu verbinden.

Beispiele:	
zwei Hauptsätze	**verbunden durch Partizip**
The bus driver watched a woman in the back row. **She was reading** a newspaper.	The bus driver watched a woman in the back row **reading** a newspaper.
The students watched a music video. **It had been made** by Justin Bieber.	The students watched a music video **made** by Justin Bieber.

Das Partizip anstelle eines adverbialen Nebensatzes

Partizipien können auch temporale, kausale oder konzessive Nebensätze in einem Satzgefüge ersetzen bzw. verkürzen.

Achtung: Die Ersetzung ist nur möglich, wenn Haupt- und Nebensatz das gleiche Subjekt haben!

Regeln:
- Wird ein Nebensatz in eine Partizipialkonstruktion verwandelt, entfällt das Subjekt des Nebensatzes, da es mit dem Subjekt des Hauptsatzes identisch ist.
- Die Reihenfolge Hauptsatz – Nebensatz kann verändert werden, d. h. die Partizipialkonstruktion kann auch am Satzanfang stehen.

Nebensätze der Zeit

Sie geben einen Zeitumstand an, der durch die Konjunktionen *while, when, after* oder *before* angezeigt wird.

5

Beispiele:	
Nebensatz der Zeit	**ersetzt durch Partizip**
While Brian **was listening** to his new CD, he did his homework.	**Listening** to his new CD, Brian did his homework.
When Mike's parents **were told** about the accident, they were shocked.	**Told** about the accident, Mike's parents were shocked.
After he **had been caught** by the police, the boy admitted everything.	**Caught** by the police, the boy admitted everything.

Nebensätze des Grundes

Sie begründen einen Sachverhalt. Sie werden durch die Konjunktionen *because* oder *as* eingeleitet.

Beispiele:	
Nebensatz des Grundes	**ersetzt durch Partizip**
John left earlier because he **was shocked** by the hotel prices in New York.	John left earlier, **shocked** by the hotel prices in New York.

As/Because **they knew** his difficulties, they were surprised about his good results in the test.	**Knowing** his difficulties, they were surprised about his good results in the test.

Das perfect participle

Regeln:

- Das perfect participle wird gebildet durch *having* + past participle (z. B. *tried, gone*). Die entsprechende Passivform lautet *having been* + past participle.
- Du verwendest das perfect participle, um auszudrücken, dass eine Handlung vor einer anderen geschah.

Beispiele:	
After Shirley **had left him,** she felt better.	**Having left** him, Shirley felt better.
She found living in Madrid difficult because she **hadn't learned** any Spanish.	**Not having learned** any Spanish, she found living in Madrid difficult.
After Jill **had been left** by Josh, she was disappointed.	**Having been left** by Josh, Jill was disappointed.

4   Das gerund

Das gerund nach Substantiv + Präposition

Nach bestimmten Substantiven folgt auf die jeweiligen Präpositionen ein gerund:

Beispiele:	
chance of	There was no **chance of getting** away without being seen.

danger of	The thief was in **danger of being caught**.
difficulty in	Dave has no **difficulty in learning** languages.
experience in	Our teacher has little **experience in teaching** English.
interest in	He lost **interest in following** the news.
possibility of	Mike will have the **possibility of spending** a year abroad.
reason for	There is no **reason for being** happy.
trouble in	They had little **trouble in finding** the right person for the job.

Das gerund als adverbiale Bestimmung

Zusammen mit den Präpositionen *apart from, by, in spite of, instead of* und *without* können gerunds eine adverbiale Bestimmung bilden.

Im Deutschen werden diese Konstruktionen entweder durch einen adverbialen Nebensatz oder einen Infinitiv wiedergegeben.

Beispiele:

Instead of getting up as soon as possible, Lynn and Julie slept till ten o'clock.	*Anstatt so früh wie möglich aufzubrechen, schliefen Lynn und Julie bis zehn Uhr.*
In spite of working hard before the exam, I got a D only.	*Obwohl ich vor der Prüfung hart gearbeitet hatte, bekam ich lediglich eine 4.*
Ruby was called to the principal **without knowing** what she had done.	*Ruby wurde zum Rektor gerufen, ohne zu wissen, was sie getan hatte.*

5   Hervorhebung

Die Inversion

Nach negativen adverbialen Bestimmungen am Satzanfang kann es zu einer veränderten Satzstellung kommen. Dadurch wird die Aussage hervorgehoben.

Regeln:
• Hilfsverb und Subjekt werden vertauscht.
• Ist kein Hilfsverb vorhanden, nimmt man eine Form
  von *to do*.

Beispiele:	
hardly	**Hardly did she manage** to come to the theatre in time.
no sooner ... than	**No sooner did he arrive than** the musical began.
never	**Never had she seen** such a brilliant performance.
not only	**Not only had he lost** his job, but also his wife had left him.
only then	**Only then did he find** out what he really wanted to do in his life.
not for a moment	**Not for a moment had they been** frightened.

Die Hervorhebung mit *do*

Möchtest du einer Aussage besonderen Nachdruck verleihen, kannst du eine Form von *to do* vor dem Hauptverb einfügen.

Regeln:

Diese Art von Betonung kannst du verwenden, um

- einen Gegensatz auszudrücken bzw. jemandem zu widersprechen. Häufig ist der vorangegangene Satz, auf den du dich beziehst, verneint.

Beispiele:	
You said that you didn't like Dave. – That's not true. **I do** like him.	*Du sagtest, dass du Dave nicht magst. – Das stimmt nicht. Ich mag ihn **wirklich**.*
You should have been at home by eight. – But you **did** say be back at ten o'clock.	*Du hättest um acht zu Hause sein sollen. – Aber du hast **doch** gesagt, ich sollte um zehn zurück sein.*

5

- eine Aufforderung zu verstärken.

Beispiel:	
Do have another cup of tea, please.	*Nehmen Sie **doch** bitte noch eine Tasse Tee.*

- eine spontane Gefühlsreaktion zu zeigen.

Beispiel:	
You **do** look great in that dress, Sarah.	*Du siehst **wirklich** gut in dem Kleid aus, Sarah.*

Die Hervorhebung mit *it is/was*

Regeln:

- Mit *it is* bzw. *it was* kann jeder Satzteil (außer das Verb) hervorgehoben werden. *It is/was* wird ergänzt durch einen Relativsatz oder einen *that*-Satz.

- Die betonte Form am Satzanfang steht **immer im Singular**, auch wenn ein Substantiv im Plural folgt.
- Meist wird diese Konstruktion verwendet, um etwas richtig zu stellen.

Beispiele:
It **was** Tom **who** copied the homework. I did it at home.
It **is** good friends **that** are most important in life.
It **was** in 2010 **that** I met him for the first time, not in 2012.

What-Sätze

Regeln:
- Mit *what* und einer Form von *to be* können Dinge klargestellt werden.
- Möchtest du das direkte Objekt betonen, folgt dieses nach der Form von *to be*.

Beispiele:
What I wanted to tell you **is** the truth.
What she did **was** wrong.
What Tom pointed out **is** a mistake.

- Möchtest du das Verb betonen, wird es zunächst durch eine Form von *to do* ersetzt und im zweiten Satzteil durch einen Infinitiv mit oder ohne *to* ausgedrückt.

Beispiel:
What Harry **did was** to inform our tutor.

Online-Abschlusstest

In diesem Kapitel konntest du alle Grammatikthemen von Green Line 5 nachlesen.

Unter www.kompaktwissen.klettlerntraining.de kannst du nun überprüfen, wie sicher du den Stoff von Green Line 5 beherrschst.

Zu allen Themen von Green Line 5 erhältst du Tests mit Aufgaben. Wenn du sie bearbeitet hast, bekommst du am Ende der Tests eine Auswertung.

Willst du immer im Blick haben, welche Themen du schon kannst oder was du besser nochmals wiederholst? Dann übertrage deine Online-Ergebnisse unten in die Tabelle.

Viel Erfolg beim Online-Test!

5

Mein Ergebnis im Online-Test – Green Line 5

Thema	☒ Test gut bestanden	☒ will ich wiederholen
Englische Entsprechungen für das deutsche *lassen*		
Partizipien		
Hervorhebung		
Gemischte Übung		

Green **Line 6**

Green **Line** 6

QUICK-FINDER

1 Partizipien

Present participle und past participle nach Verben der Ruhe und der Bewegung

Regeln:

- Present und past participle kannst du nach Verben der Ruhe und der Bewegung verwenden, um eine weitere gleichzeitige Handlung auszudrücken. Im Deutschen wird diese Gleichzeitigkeit häufig durch die Konjunktion „und" wiedergegeben.
- Zu Verben der Ruhe bzw. der Bewegung gehören z. B. *to lie, to stand, to sit, to remain, to come* etc.
- Das present participle ist eine aktive Verbform, die du bei der Beschreibung aktiver Handlungen gebrauchen kannst.

6

Beispiele:

Alan **came in warning** the other boys in his class.	*Alan kam herein und warnte die anderen Jungen in seiner Klasse.*
She **ran crying** to her best friend.	*Sie lief weinend zu ihrer besten Freundin.*

- Das past participle kann als passive Verbform nur in passiven Handlungszusammenhängen verwendet werden.

Beispiele:

Please **remain seated** until the plane has reached its final position.	*Bitte bleiben Sie sitzen, bis das Flugzeug seine endgültige Position erreicht hat.*
The shop will **remain closed** until Christmas.	*Der Laden wird bis Weihnachten geschlossen bleiben.*

2 Zeiten

Always + progressive form zum Ausdruck von Gefühlen

Normalerweise sind Adverbien der Häufigkeit wie *always, constantly, continually* Signalwörter für eine simple tense (simple present, simple past etc.). Sie können jedoch in einer besonderen Bedeutung auch mit einer progressive form verwendet werden.

Regel: Werden Adverbien der Häufigkeit mit der progressive form gebraucht, drücken sie Verärgerung oder Überraschung des Sprechers aus.

Beispiele:	
I'm always telling you to turn the music down!	*Andauernd sage ich dir, dass du die Musik leiser machen sollst!*
I didn't expect that. You're constantly getting an A in Maths.	*Das habe ich nicht erwartet. Du hast immer eine Eins in Mathe.*
You're always criticizing everything. Stop it!	*Immer kritisierst du alles. Hör auf damit!*

Zeiten zum Ausdruck der Zukunft

Regeln:
* Das simple present kann mit einer adverbialen Bestimmung der Zeit verwendet werden, um fest arrangierte Vorgänge zu beschreiben, z.B. Fahrpläne oder Anfangszeiten von Veranstaltungen.

- Das present progressive kann zusammen mit einer Zeitangabe zukünftige Pläne und Verabredungen ausdrücken.
- Das will future beschreibt Handlungen in der Zukunft, die unabhängig von eigenen Plänen sind. Es kann auch bei spontanen Entscheidungen verwendet werden.
- Das going to future drückt zukünftige Pläne und Absichten aus.
- Das future progressive hat keine Entsprechung im Deutschen. Es wird mit *will be* und der *-ing*-Form des Verbs (present participle) gebildet. Die Form ist für alle Personen gleich. Man verwendet das future progressive für Handlungen in der Zukunft, um deren Dauer zu betonen.
- Man verwendet das future perfect für Handlungen, die in der Zukunft abgeschlossen sein werden.

6

Beispiele:	
simple present	Our train **leaves** at 10.15.
present progressive	**Are** you **working** on your environmental project this weekend?
will future	The next Olympic Games **will be** held in 2016.
going to future	**I am going to spend** the next year in Australia.
future progressive	We**'ll be staying** in New York for a whole month.
future perfect	He **will have left** by 6 pm so there will be enough time to get ready for the concert.

3   Die indirekte Rede

In **Aussagesätzen** und **Fragen**, die durch ein Verb in der Vergangenheit eingeleitet werden, kommt es zu einer **Zeitverschiebung**.

Regeln:
- Das simple present wird zu simple past.
- Present perfect, simple past und past perfect werden zu past perfect.
- *Will* wird zu *would*. Bei *to be going* to verändert sich nur die Form von *to be* und wird zu *was* bzw. *were*.
- Die progressive-Zeiten werden entsprechend den genannten Regeln behandelt.

Beispiele:	
direkte Rede	**indirekte Rede**
"Dad **is listening** to the news."	My brother informed me that my dad **was listening** to the news.
"**Have** you **seen** him since Thursday?"	Mum wanted to know whether I **had seen** him since Thursday.
He **is going to be** the next president.	It was believed that he **was going to be** the next president.

- Bei Fragen in der indirekten Rede gilt die Satzstellung des Aussagesatzes: *"What do you want for dinner?"* ➤ *Mum asked me what I wanted for dinner.*
- In indirekten **Befehlssätzen** findet keine Zeitverschiebung statt. Hier nimmst du eine Infinitivkonstruktion: *"Don't do that!"* ➤ *He warned him not to do that.*

Online-Abschlusstest

In diesem Kapitel konntest du alle Grammatikthemen von Green Line 6 nachlesen.

Unter www.kompaktwissen.klettlerntraining.de kannst du nun überprüfen, wie sicher du den Stoff von Green Line 6 beherrschst.

Zu allen Themen von Green Line 6 erhältst du Tests mit Aufgaben. Wenn du sie bearbeitet hast, bekommst du am Ende der Tests eine Auswertung.

Willst du immer im Blick haben, welche Themen du schon kannst oder was du besser nochmals wiederholst? Dann übertrage deine Online-Ergebnisse unten in die Tabelle.

Viel Erfolg beim Online-Test!

6

Mein Ergebnis im Online-Test – Green Line 6

Thema	☒ Test gut bestanden	☒ will ich wiederholen
Partizipien nach Verben der Ruhe und Bewegung		
Wiederholung I: Die Zeiten		
Wiederholung II: Gemischte Übungen		

Vorvergangenheit

Zeit	past perfect progressive	past perfect	past progressive	
Gebrauch	Handlungen, die in der Vorvergangenheit angefangen hatten und in der Vergangenheit noch andauerten	vorzeitige Handlungen, die in der Vergangenheit bereits beendet waren	Handlungen, die zum Zeitpunkt des Sprechens in der Vergangenheit noch andauerten	
Aktiv	Sheila **had been writing** Tom a love letter.	Sheila **had written** a love letter.	While Sheila **was writing** Tom a love letter, the telephone rang.	
Passiv		A love letter **had been written** to Tom.	A love letter **was being written** to Tom when …	
Signalwörter	for, since	after, before	while, when	

Vergangenheit   Gegenwart

simple past	present perfect progressive	present perfect
abgeschlossene Handlungen in der Vergangenheit	Handlungen, die in der Vergangenheit begonnen haben und in der Gegenwart noch andauern	Handlungen, die in der Vergangenheit begonnen haben und in der Gegenwart noch andauern
Sheila **wrote** Tom a love letter.	Sheila **has been writing** a love letter.	Sheila **has written** Tom a love letter.
A love letter **was written** to Tom.		A love letter **has been written** to Tom.
yesterday, last (week / month), (a year) ago	for, since	never, ever, already, just, (not) … yet

185

Gegenwart   **Zukunft**

Zeit	present progressive	simple present	going to future
Gebrauch	Handlungen, die im Augenblick des Sprechens in der Gegenwart noch nicht vorüber sind	wiederholte, regelmäßige Handlungen in der Gegenwart; allgemeine Behauptungen	geplante Handlungen in der Zukunft; Anzeichen sind bereits gegeben
Aktiv	Sheila **is writing** Tom a love letter.	Sheila never **writes** Tom love letters.	Sheila **is going to write** Tom a love letter.
Passiv	A love letter **is being written** to Tom.	A love letter **is written** to Tom.	
Signalwörter	now, at the moment, this (morning / afternoon), today	seldom, always, never, usually, every (morning)	

Zukunft   Zukunft

will future	future progressive	future perfect
zukünftige Ereignisse, die unabhängig von Plänen sind; Erwartungen, Hoffnungen, Voraussagen	in der Zukunft andauernde Handlungen	Handlungen, die zu einem Zeitpunkt in der Zukunft abgeschlossen sein werden
Sheila **will write** Tom a love letter.	Sheila **will be writing** Tom a love letter.	Sheila **will have written** Tom a love letter.
A love letter **will be written** to Tom.		A love letter **will have been** written to Tom.
einleitende Wörter: expect, believe, hope, probably		by (tomorrow), until (Christmas), before (lunch)

Infinitiv	simple past	past participle	Bedeutung
be	was	been	sein
beat	beat	beat	schlagen
become	became	become	werden
begin	began	begun	beginnen
bend	bent	bent	(sich) bücken, biegen
blow	blew	blown	blasen, wehen
break	broke	broken	brechen
bring	brought	brought	bringen
build	built	built	bauen
burn	burned/burnt	burned/burnt	brennen
buy	bought	bought	kaufen
cast	cast	cast	eine Rolle besetzen
catch	caught	caught	fangen
choose	chose	chosen	auswählen
come	came	come	kommen
cost	cost	cost	kosten
cut	cut	cut	schneiden
do	did	done	tun, machen
draw	drew	drawn	zeichnen
dream	dreamed/dreamt	dreamed/dreamt	träumen
drink	drank	drunk	trinken
drive	drove	driven	fahren

Infinitiv	simple past	past participle	Bedeutung
eat	ate	eaten	essen
fall	fell	fallen	fallen
feed	fed	fed	füttern
fight	fought	fought	kämpfen
find	found	found	finden
fly	flew	flown	fliegen
forget	forgot	forgotten	vergessen
freeze	froze	frozen	(ge)frieren
get	got	got	bekommen
give	gave	given	geben
go	went	gone	gehen
grow	grew	grown	wachsen
hang	hung	hung	hängen
have	had	had	haben
hear	heard	heard	hören
hide	hid	hidden	verstecken
hit	hit	hit	schlagen
hold	held	held	halten
hurt	hurt	hurt	verletzen
keep	kept	kept	(be)halten
know	knew	known	wissen, kennen
lay	laid	laid	legen
lead	lead	lead	führen
learn	learned/ learnt	learned/ learnt	lernen

Infinitiv	simple past	past participle	Bedeutung
leave	left	left	(ver)lassen
lend	lent	lent	verleihen
let	let	let	lassen
lie	lay	lain	liegen
light	lit	lit	anzünden
lose	lost	lost	verlieren
make	made	made	machen, tun
mean	meant	meant	meinen, bedeuten
meet	met	met	treffen
pay	paid	paid	zahlen
put	put	put	setzen, stellen, legen
read	read	read	lesen
ride	rode	ridden	fahren, reiten
ring	rang	rung	klingeln, anrufen
run	ran	run	rennen
say	said	said	sagen
see	saw	seen	sehen
sell	sold	sold	verkaufen
send	sent	sent	schicken
shake	shook	shaken	zittern
shoot	shot	shot	schießen
show	showed	shown	zeigen
sing	sang	sung	singen

Infinitiv	simple past	past participle	Bedeutung
sink	sank	sunk	sinken, untergehen
sit	sat	sat	sitzen
sleep	slept	slept	schlafen
speak	spoke	spoken	sprechen
spend	spent	spent	verbringen, ausgeben
stand	stood	stood	stehen
steal	stole	stolen	stehlen
swim	swam	swum	schwimmen
take	took	taken	nehmen
teach	taught	taught	lehren
tell	told	told	erzählen
think	thought	thought	denken
throw	threw	thrown	werfen
understand	understood	understood	verstehen
wake (up)	woke (up)	woken (up)	aufwachen, wecken
wear	wore	worn	tragen (Kleidung)
win	won	won	gewinnen
write	wrote	written	schreiben